플래티작업실의
맛있는 수세미

플래티작업실의 맛있는 수세미

초판 1쇄 발행 2021년 6월 30일
초판 2쇄 발행 2023년 5월 30일

지 은 이   최희순
펴 낸 이   한승수
펴 낸 곳   티나

편   집   권민성
디 자 인   이유진, 심지유
마 케 팅   박건원

등록번호   제2016-000080호
등록일자   2016년 3월 11일

주   소   서울특별시 마포구 연남동 565-15 지남빌딩 309호
전   화   02 338 0084
팩   스   02 338 0087
E-mail   hvline@naver.com

ISBN   979-11-88417-35-3 13630

플래티작업실의

맛있는 수세미

코바늘로 즐기는 수세미40

최희순 지음

티나

안녕하세요. '플래티작업실'로 활동하고 있는 최희순입니다.

이 책은 도안을 쉽게 만들어서 초보자들도
보기 편하도록 작업했습니다.

수세미 실이 처음에는 힘드실 수 있어요.
면사로 충분히 연습한 뒤,
난이도별로 차근차근 진행하시면
수세미들을 모두 만드실 수 있습니다.

코바늘 수세미는 인테리어 소품으로 포인트를 주거나
주변 지인들에게 선물하기 좋은 아이템입니다.
면사로 작업하면 아이들이나 반려동물의 장난감으로 사용할 수 있지요.
실, 코바늘, 가위만 있으면 언제, 어디서든지 만들 수 있어 더욱 매력적입니다.

책을 구매해주신 여러분들에게 코바늘 수세디가
즐거운 취미 생활이 되셨으면 합니다.

감사합니다.

contents

PART 1

코바늘 수세미 기초 쌓기

코바늘 수세미란?

코바늘 수세미

코바늘과 아크릴 실로 만드는 핸드메이드 수세미입니다.
실에 털이 달려 있어 초보자에게는 조금 어려울 수 있습니다.
면사로 충분히 연습한 다음, 쉬운 도안부터 작업해 주세요.

코바늘 수세미 관리 방법

수세미는 위생상 2~4주 간격으로 교체하는 것이 좋습니다.
식초나 베이킹 소다로 소독하고 삶으면 변형될 수 있으니
사용한 다음 물기를 말린 뒤 다시 사용합니다.

코바늘 수세미 준비하기

1. **수세미 실** 광택이 있는 털이 달려 거품이 풍성하게 나고 빠르게 건조되는 실입니다. 다양한 색상이 출시되어 있는 웰빙 수세미 실을 주로 사용합니다. (구매처: 청송 뜨개실 www.tgesil.com, 앵콜스 뜨개실 www.ancalls.com)

2. **면사** 대부분의 작품은 수세미 실을 사용해 만들지만 간단하게 수놓을 때 면사를 사용합니다. 주로 사용하는 면사는 '아이돌 실, 해피 코튼, 자수 실'입니다.

3. **코바늘** 코바늘 종류는 다양합니다. 책에서는 모사용 코바늘 6호를 이용해서 수세미를 제작했어요. 책에서 제시하는 완성 크기보다 작품이 작게 완성된다면 7호 코바늘을 사용해 떠 주세요.

4. **단코표시링** 초보자에게는 코를 구별하는 것이 어려울 수 있으니 단과 코를 확인하기 쉽도록 단코표시링을 이용해 주세요. 실을 잘라 끼워 두어도 좋습니다. 그리고 어두운 색상의 실은 코 구별이 어려우므로 단코표시링을 꼭 사용합니다.

5. **돗바늘** 실을 정리하거나 작품에 수를 놓을 때 사용합니다.

6. **쪽가위** 실을 자르는 데 사용합니다.

7. **시침핀** 편물을 고정하는 데 사용합니다.

◆ 코바늘 시작하기 ◆

코바늘 잡는 방법

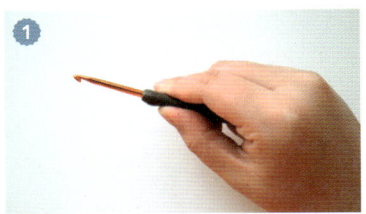

나이프 잡는 법 코바늘 머리가 위로 향하게 엄지와 검지로 잡고 나머지 손가락으로 코바늘 손잡이를 잡습니다.

연필 잡는 법 코바늘 머리가 아래로 향하게 엄지와 검지로 잡고 중지로 받쳐서 잡습니다.

원형뜨기로 시작하기

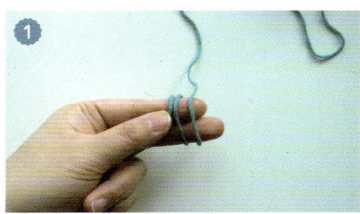

손가락 위로 실을 2회 감아 주세요.

오른손으로 고리 위를 잡습니다.

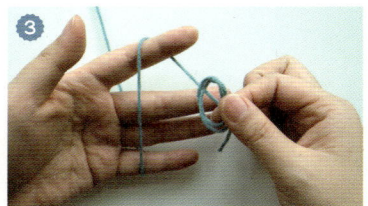

손바닥 위로 실을 준비하고 검지와 중지 사이로 고리를 빼냅니다.

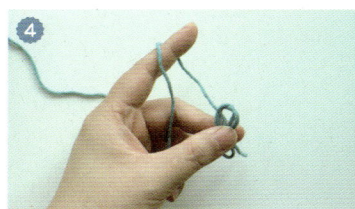

검지에는 기둥 실을 걸고 엄지와 중지로 고리를 잡아 주세요.

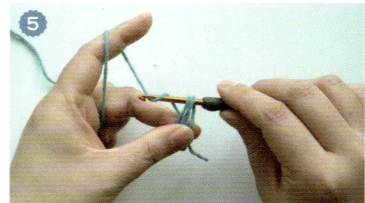

코바늘을 고리에 넣고 기둥 실을 걸어 가져옵니다.

꼬리 실과 같은 구멍에 나온 고리를 당깁니다.

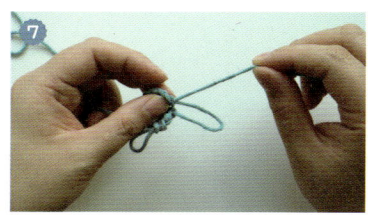

꼬리 실을 당깁니다.

사슬뜨기로 시작하기

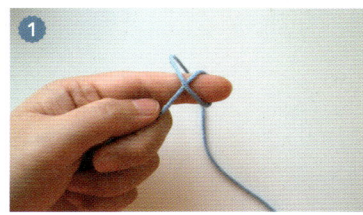

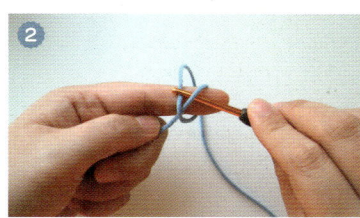

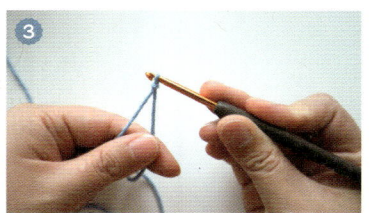

실을 손가락 위에 올리고 밑에서 위로 1회 감아 주세요. 이때 모양을 'X'자로 만들어 줍니다.

코바늘을 넣은 뒤 안쪽 실을 걸어 빼 냅니다.

실을 당겨 코바늘의 고 리를 줄입니다.

기호별 사슬 기둥코

① 빼뜨기 : 기둥코 없음

• • • •

② 짧은뜨기 : 사슬 1개

× × × ×0

③ 긴뜨기 : 사슬 2개

④ 한길긴뜨기 : 사슬 3개

★ 긴뜨기, 한길긴뜨기는 첫 코를 사슬 기둥으로 대체합니다.

코바늘 뜨개법과 뜨개 기호

· 빼뜨기

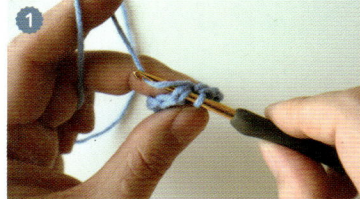  

빼뜨기 할 자리에 코바늘을 넣어 주세요. 기둥 실을 감아서 코바늘에 걸려 있는 고리를 모두 빼냅니다. 빼뜨기 완성.

0 사슬뜨기

 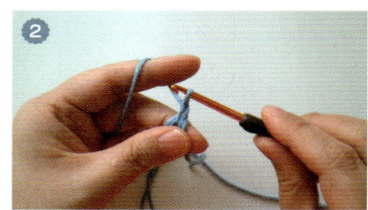

기둥 실을 감아 코바늘에 걸려 있는 고리 사이로 빼냅니다. 사슬뜨기 완성.

× 짧은뜨기

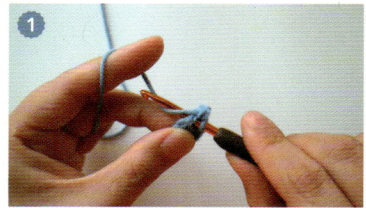  

코바늘을 넣고 기둥 실을 걸어 빼냅니다. 코바늘에 걸려 있는 고리 2개를 기둥 실을 걸어서 빼냅니다. 짧은뜨기 완성.

⊤ 긴뜨기

코바늘에 기둥 실을 감아 주세요.

코바늘 자리에 넣고, 기둥 실을 감아 빼 냅니다.

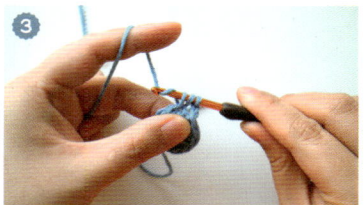

고리 3개가 만들어지면 코바늘에 기둥 실을 걸어 빼냅니다.

긴뜨기 완성.

⊤ 한길긴뜨기

코바늘에 기둥 실을 감아 주세요.

코바늘 자리에 넣고, 기둥 실을 감아 빼 냅니다.

고리 3개가 만들어지면 기둥 실을 걸 어 고리를 2개 빼냅니다.

고리 2개가 만들어지면 기둥 실을 걸 어 고리를 2개 빼냅니다.

한길긴뜨기 완성.

⚸ 한길 긴 2코 줄이기(모아뜨기)

코바늘에 기둥 실을 감아 주세요.

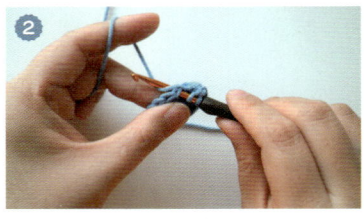

코바늘 자리에 넣고, 기둥 실을 감아 빼 냅니다.

고리 3개가 만들어지면 기둥 실을 걸 어 고리를 2개 빼냅니다.

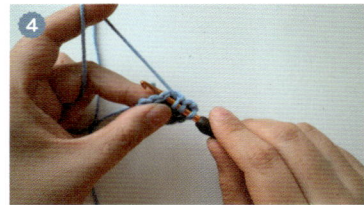

코바늘에 기둥 실을 감아 옆 코에 넣 어 주세요.

기둥 실을 감아 빼냅니다.

고리 4개가 만들어지면 기둥 실을 걸 어 고리를 2개 빼냅니다.

고리 3개가 만들어지면 기둥 실을 걸 어 고리를 3개 빼냅니다.

모아뜨기 완성.

한길 긴 5코 팝콘뜨기

같은 자리에 한길긴뜨기 5개를 만듭니다.

코바늘에 걸려 있는 고리를 빼냅니다.

첫 번째 한길긴뜨기 자리에 넣고 빼둔 고리를 걸어 빼 줍니다.

한길 긴 5코 팝콘뜨기 완성.

두길긴뜨기

코바늘에 기둥 실을 두 번 감아 주세요.

코바늘 자리에 넣고, 기둥 실을 감아 빼냅니다.

고리 4개가 만들어지면 기둥 실을 걸어 고리를 2개 빼냅니다.

고리 3개가 만들어지면 기둥 실을 걸어 고리를 2개 빼냅니다.

고리 2개가 만들어지면 기둥 실을 걸어 고리를 2개 빼냅니다.

두길긴뜨기 완성.

늘리기

'넣어뜨기', '늘려뜨기'라고도 부릅니다. 같은 자리에 반복하여 여러 번 작업하는 것을 가리킵니다. '한 길 긴 2코 늘리기, 한길 긴 3코 늘리기, 긴 2코 늘리기, 긴뜨기+한길긴뜨기, 두길 긴 5코 늘리기' 등의 뜨개법이 이에 해당합니다.

 **한길 긴 앞걸어뜨기**

전 단계 기둥에 앞으로 걸어 한길긴뜨기를 작업합니다.

 **한길 긴 뒤걸어뜨기**

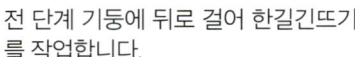

전 단계 기둥에 뒤로 걸어 한길긴뜨기를 작업합니다.

 **이랑뜨기**

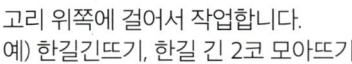

고리 위쪽에 걸어서 작업합니다.
예) 한길긴뜨기, 한길 긴 2코 모아뜨기

코바늘 뜨개법 기호

·	빼뜨기
◊	사슬뜨기
×	짧은뜨기
T	긴뜨기
V	긴 2코 늘리기(=넣어뜨기, 늘려뜨기)
√	긴뜨기+한길긴뜨기 늘리기(=넣어뜨기, 늘려뜨기)
┼	한길긴뜨기
‡	한길긴뜨기(이랑뜨기)
V	한길 긴 2코 늘리기(=넣어뜨기, 늘려뜨기)
W	한길 긴 3코 늘리기(=넣어뜨기, 늘려뜨기)
A	한길 긴 2코 줄이기(=모아뜨기)
A	한길 긴 2코 줄이기(이랑뜨기)
ξ	한길 긴 앞걸어뜨기
ξ	한길 긴 뒤걸어뜨기
⊕	한길 긴 5코 팝콘뜨기
╪	두길긴뜨기
₩	두길 긴 5코 늘리기(=넣어뜨기, 늘려뜨기)

실 색상 바꾸기

빼뜨기하면서 교체하기

빼뜨기 자리에 넣어 기둥 실을 걸 때 새 로운 색상으로 교체합니다.

완성.

중간에 교체하기

마지막 고리를 뺄 때 새로운 색상으로 교체합니다.

완성.

◆ 수놓기 ◆

코바늘 수세미의 작업 중간에 수박씨나 붕어빵 무늬 등을 수놓으면 완성도 높은 수세미를 만들 수 있습니다.
다양한 스티치 기법 중 스트레이트 스티치와 백 스티치를 활용해 세상에 하나뿐인 수세미를 만들어 보세요.

스트레이트 스티치

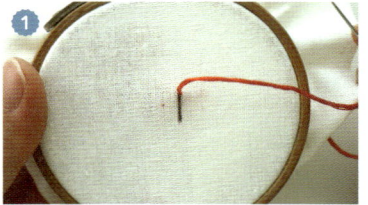  

끝에서 바늘을 빼냅니다.　반대편 끝으로 바늘을 넣어 마무리합　완성.
니다.

백 스티치

한 칸 앞에서 바늘을 빼냅니다.　뒤로 한 칸 들어가 두 칸 앞에서 바늘　반복합니다.
을 빼 주세요.

뒤로 한 칸 들어가며 마무리합니다.　완성.

수놓기

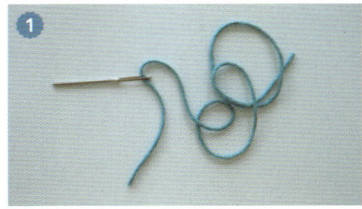

① 면사를 50~60㎝ 자르고 돗바늘에 실을 끼웁니다.

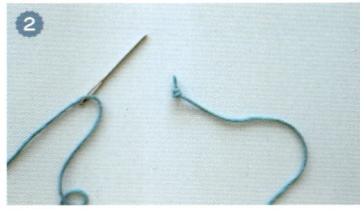

② 한쪽에 매듭을 만들어 주세요.

③ 뒤에서 앞으로 바늘을 빼냅니다.

④ 원하는 모양으로 수놓아 주세요.

⑤ 뒷면에 실을 걸고 바늘에 2~3회 실을 감아 빼냅니다.

⑥ 2㎝ 남기고 실을 자릅니다.

❖ 고리 만들기 ❖

빼뜨기하면서 만드는 방법

① 빼뜨기 후 사슬뜨기로 수세미 고리 10~15개를 만듭니다.

② 빼뜨기 자리에 넣고 기둥 실을 걸어 빼냅니다.

③ 완성.

잎을 고정하면서 만드는 방법 1 (잎과 고리의 색상이 같을 때)

잎을 뜨고 나서 원하는 자리에 빼뜨기 합니다.

사슬뜨기로 수세미 고리 10~15개를 만들어 주세요.

처음 자리에 빼뜨기를 한 다음 매듭을 만들고 마무리합니다.

잎을 고정하면서 만드는 방법 2 (잎과 고리의 색상이 다를 때)

잎을 뜨고 원하는 자리에 코바늘을 넣습니다.

갈색 실을 걸어 빼뜨기합니다.

사슬뜨기로 수세미 고리 10~15개를 만들어 주세요.

처음 자리에 빼뜨기합니다.

실을 10㎝ 남기고 자릅니다.

실을 모아 편물 가까이에 매듭을 만듭니다.

자투리 실은 안으로 넣은 뒤 마무리합니다.

실 마무리하기

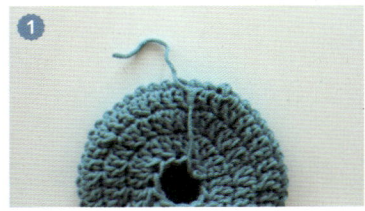

실을 10~15㎝ 남기고 자릅니다.

고리 사이로 자투리 실을 넣은 뒤 당깁니다.

코바늘, 돗바늘을 이용해 안쪽으로 넣어 마무리합니다.

수세미 연습하기

원형뜨기로 시작하기

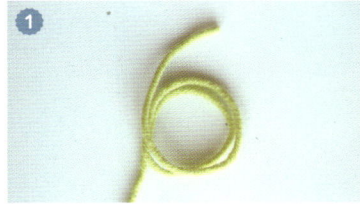
원형고리를 만듭니다.

사슬기둥 3개를 만들어 줍니다. 첫 코를 대체합니다.

한길긴뜨기 추가로 11코를 만듭니다.

원형고리를 당겨 줄입니다.

빼뜨기로 1단은 마무리 합니다.

2단은 한길 긴 2코 늘리기를 합니다.

3단은 한길긴뜨기 1코, 한길 긴 2코 늘리기를 반복합니다.

4단은 한길긴뜨기 2코, 한길 긴 2코 늘리기를 반복합니다.

5단은 한 코에 하나씩 한길긴뜨기를 합니다.

10

5단 빼뜨기 후 수세미 고리를 만들어 줍니다.

11

6단은 한길긴뜨기 2코, 한길 긴 2코 줄이기를 반복합니다.

12

7단은 한길긴뜨기 1코, 한길 긴 2코 줄이기를 반복합니다.

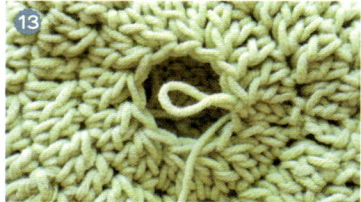

13

8단은 한길 긴 2코 줄이기를 반복합니다.(사슬기둥 포함 줄이기에는 사슬 기둥이 아니라 첫 번째 줄이기 머리에 넣어 빼뜨기합니다.)

14

9단은 한길 긴 2코 줄이기를 반복합니다.

15

마무리 후 자투리 실은 안쪽으로 넣어 마무리합니다.

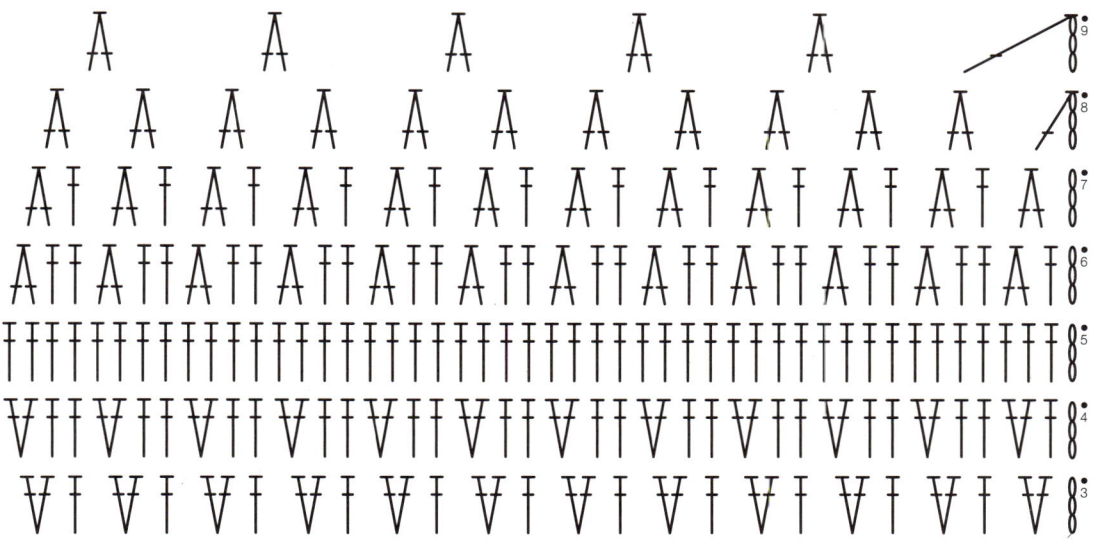

진행 방향

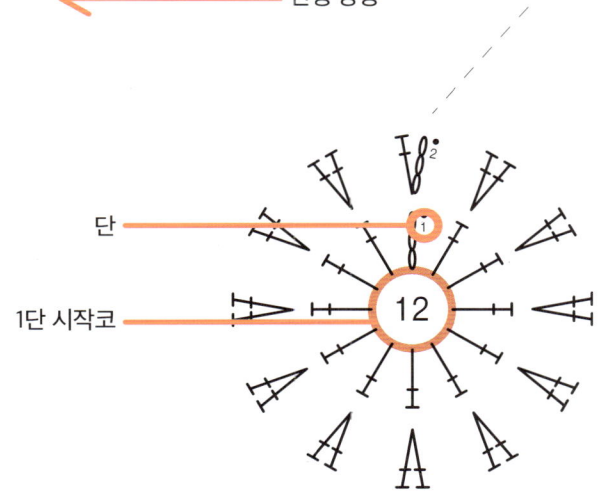

단

1단 시작코

PART 2

과일 수세미

FRUIT

과즙과 과육이 풍부한 과일을 수세미로 만들어 보세요.
과일의 상큼한 색상이 주방의 포인트가 됩니다.

딸기

Strawberry

빨간색과 초록색 실만 있어도 되지만 흰색 실을 더해보세요!
조금 더 맛있어 보이죠?

- **난이도** ★
- **크기(가로×세로)** 11×12㎝
- **재료** 코바늘 6호, 돗바늘
  웰빙수세미: 1, 4, 8
  아이돌실: 5

- **뜨개법** 빼뜨기, 사슬뜨기, 한길긴뜨기, 한길 긴
  2코 늘리기, 한길 긴 2코 줄이기
- **색상 변경 위치** 9, 11단
- **수세미 고리 위치** 11단

How to Make

딸기

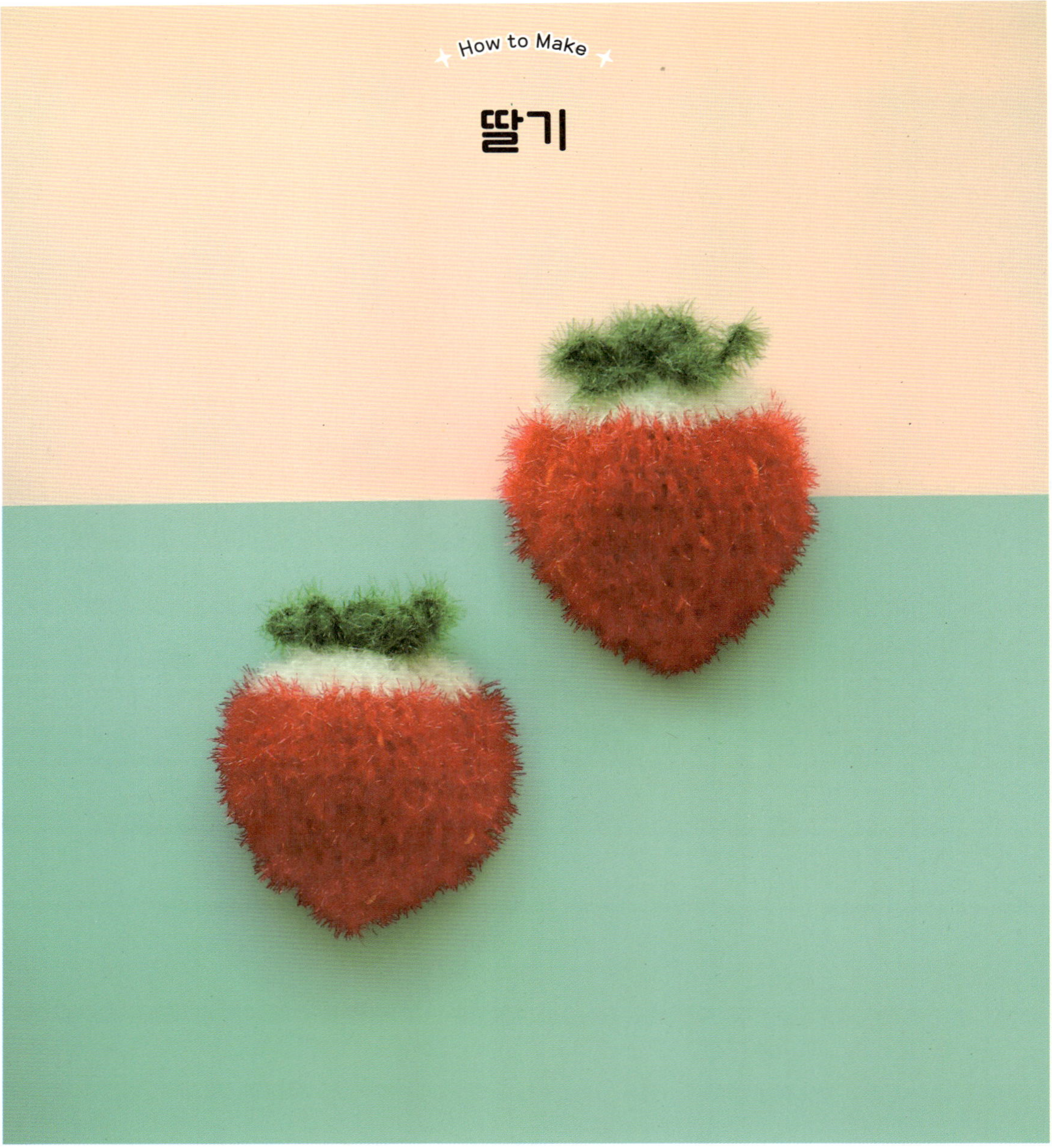

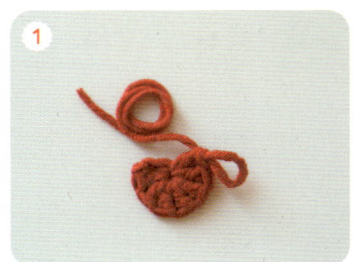

원형뜨기로 시작합니다.

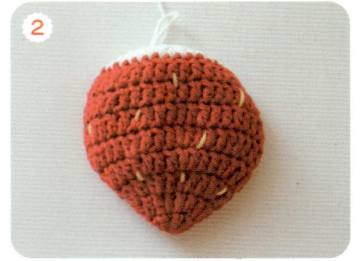

9단 작업 후 면사로 씨를 수놓아 주세요.
스트레이트 스티치를 사용합니다.

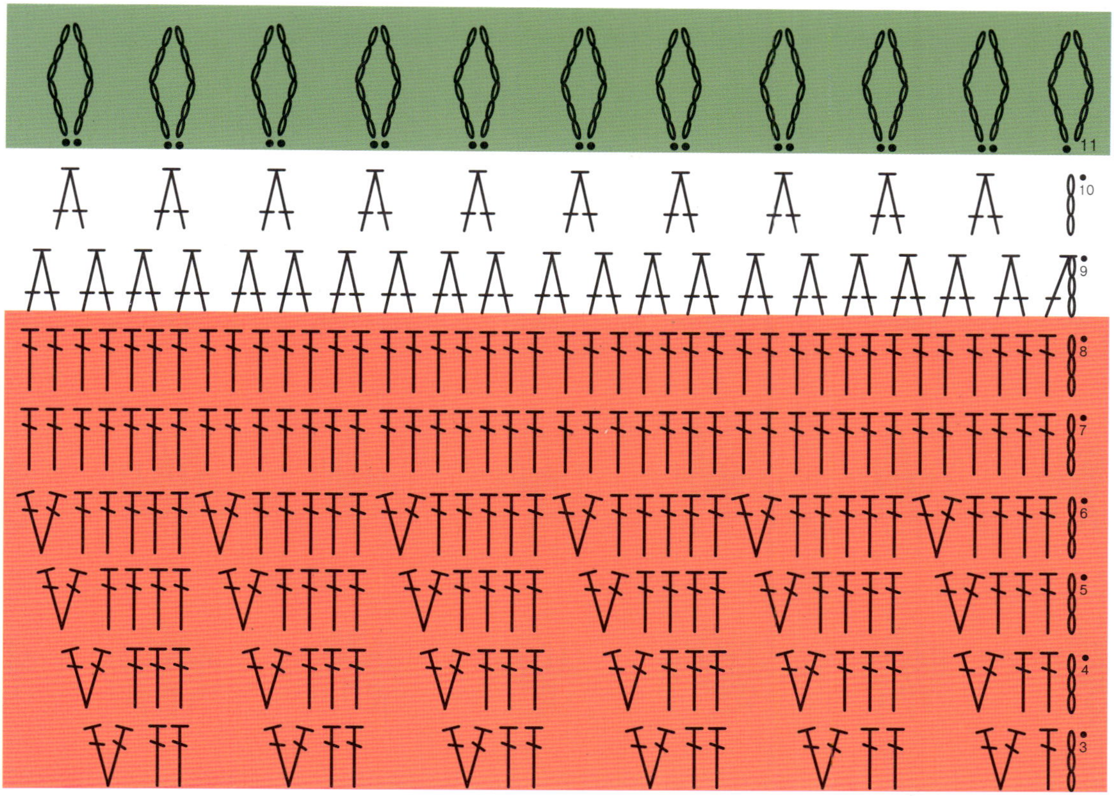

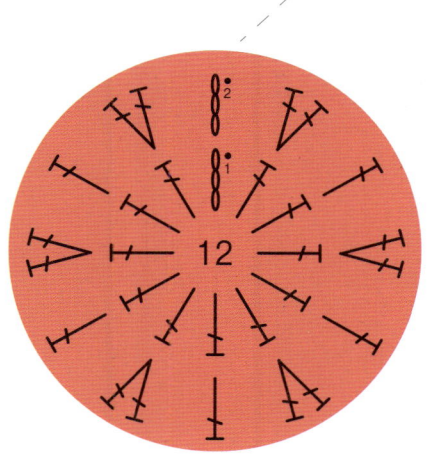

딸기(전체 영상)

QR코드를 찍어 만드는
과정을 확인해 보세요!

서양배

Pear

우리나라 배와 서양배는 모양도 맛도 조금 다르답니다.
크기가 작은 윗부분은 좁은 곳을 닦기 쉬워요!

- **난이도** ★
- **크기(가로×세로)** 10×13㎝
- **재료** 코바늘 6호, 돗바늘
  웰빙수세미: 72, 86
- **뜨개법** 빼뜨기, 사슬뜨기, 한길긴뜨기, 한길 긴 2코 늘리기, 한길 긴 2코 줄이기
- **색상 변경 위치** 13단
- **수세미 고리 위치** 13단

서양배

원형뜨기로 시작합니다.

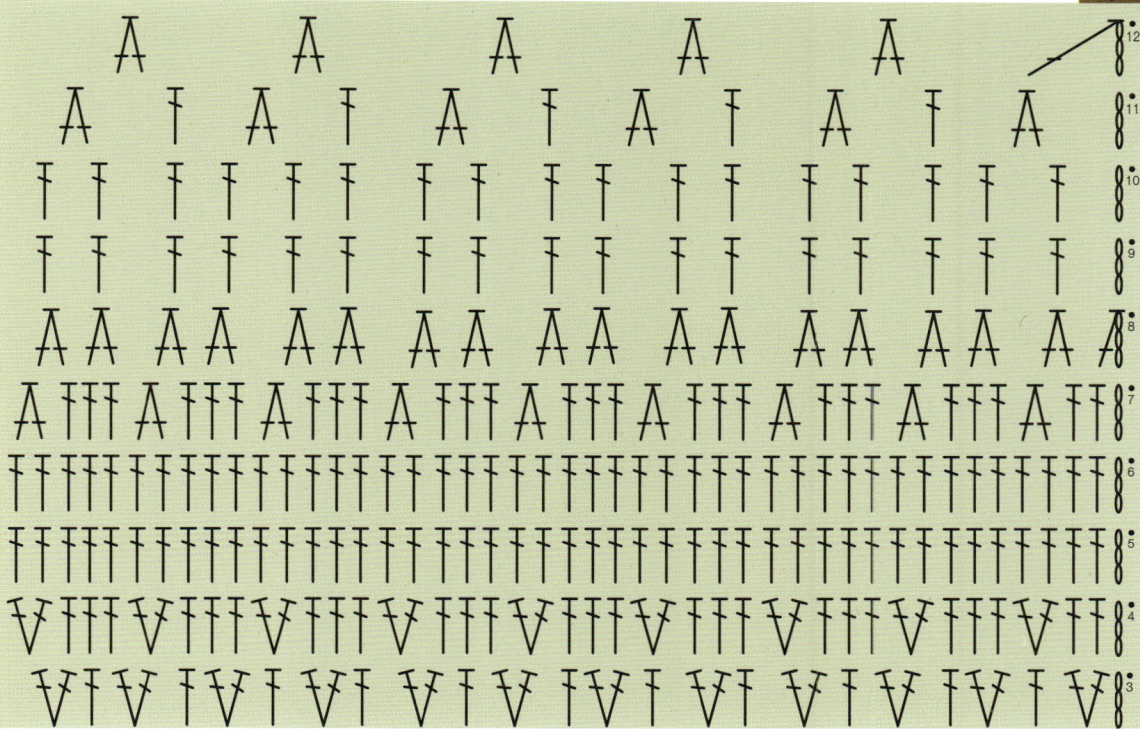

3

파인애플

Pineapple

노란 색감이 진짜 파인애플을 보고 있는 것 같아요!
파인애플 수세미 하나라면 소꿉놀이하듯 설거지를 하게 될 거예요.

- **난이도 ★**
- **크기(가로×세로)** 9×11㎝
- **재료** 코바늘 6호, 돗바늘
  웰빙수세미: 4, 18

- **뜨개법** 빼뜨기, 사슬뜨기, 한길긴뜨기, 한길 긴
  2코 늘리기, 한길 긴 2코 줄이기
- **색상 변경 위치** 11단
- **수세미 고리 위치** 11단

파인애플

1

원형뜨기로 시작합니다.

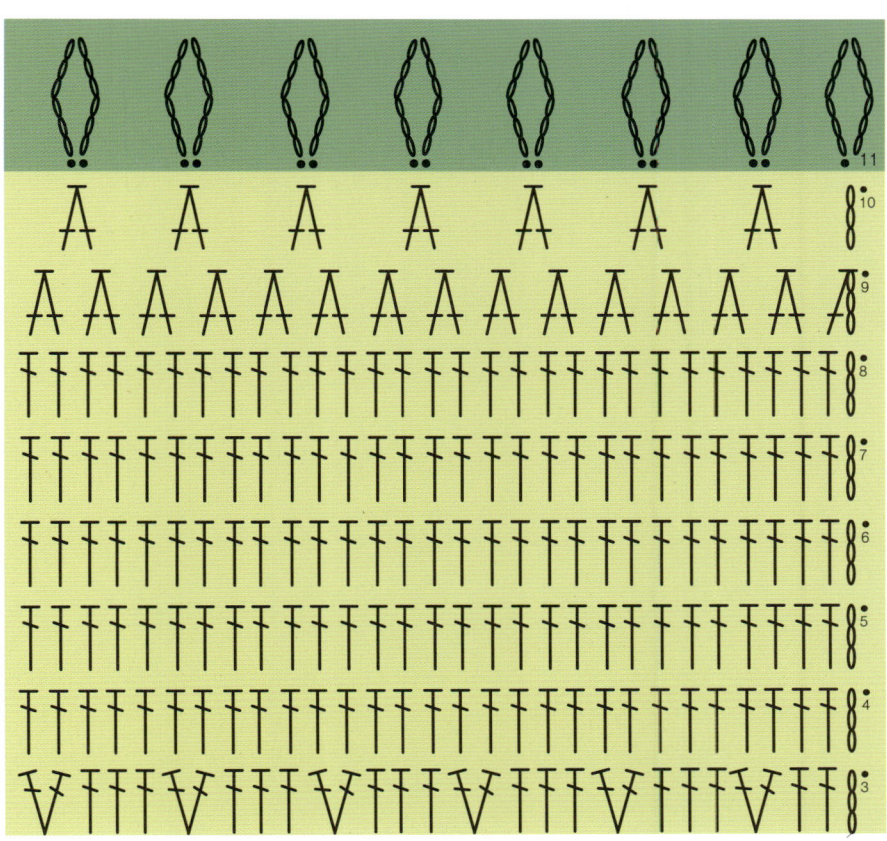

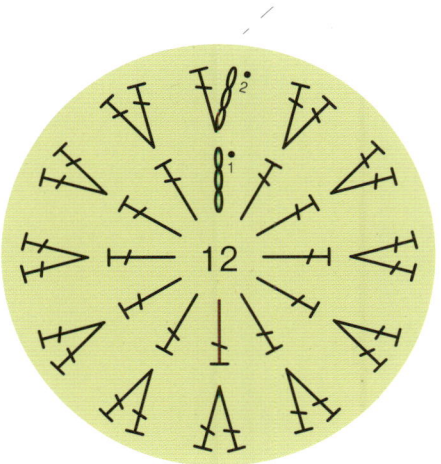

수박

Watermelon

Watermelon

한 입 베어 물면 빠알간 단물이 뚝뚝 떨어질 것 같아요.
검은색 실로 씨앗을 표현하면 더 그럴듯해 보여요!

- **난이도** ★
- **크기(가로×세로)** 11×11cm
- **재료** 코바늘 6호, 돗바늘
  웰빙수세미: 1, 4, 66
  아이돌실: 2

- **뜨개법** 빼뜨기, 사슬뜨기, 한길긴뜨기, 한길 긴
  2코 늘리기
- **색상 변경 위치** 8, 9단
- **수세미 고리 위치** 10단

How to Make

수박

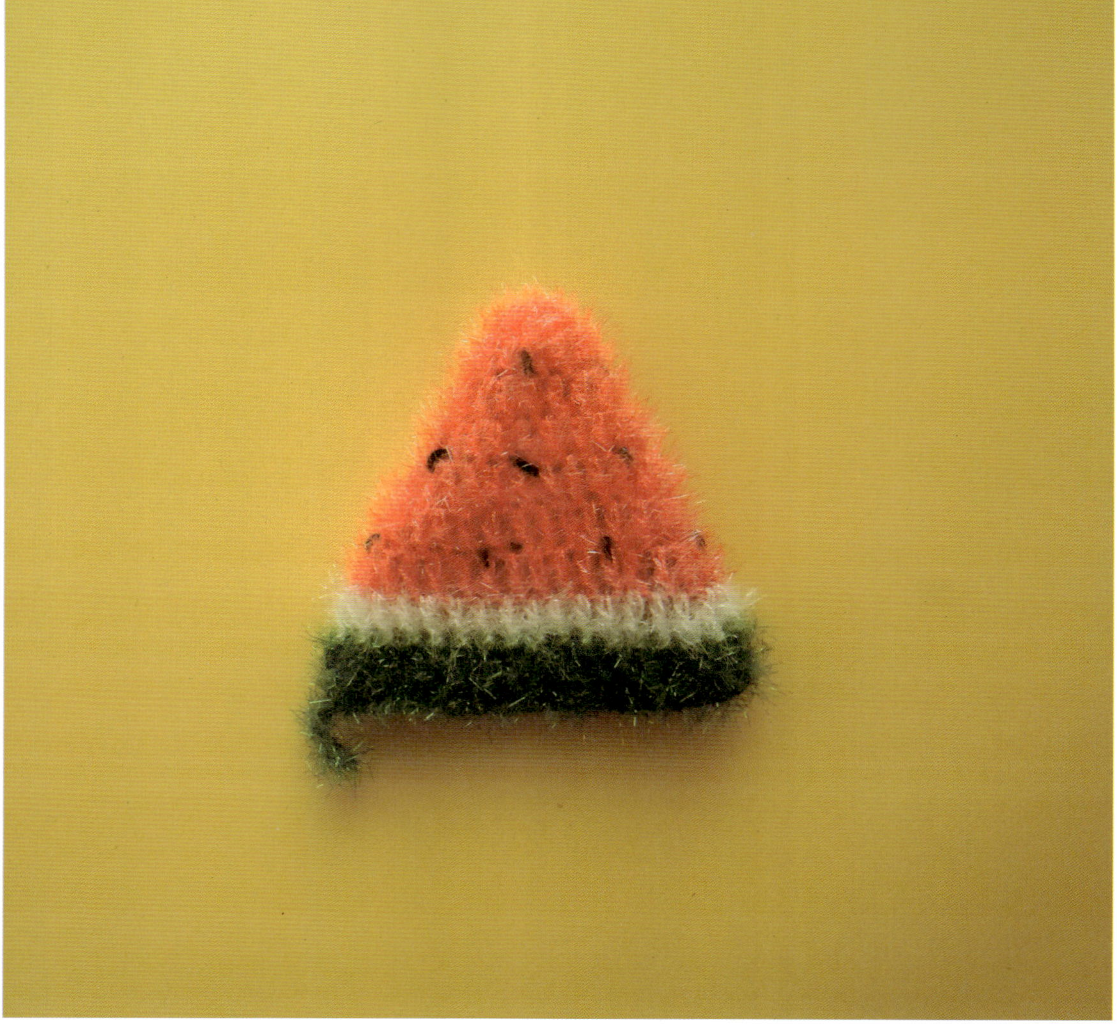

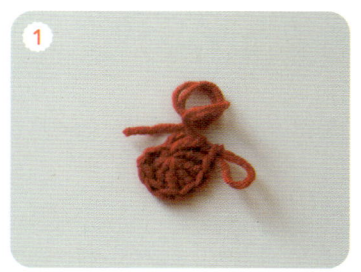

원형뜨기로 시작합니다.

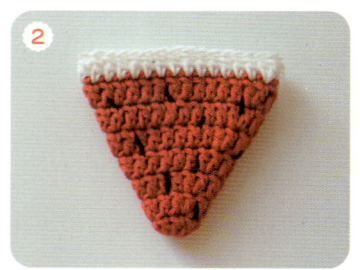

8단 작업 후 면사로 씨를 수놓아 주세요. 스트레이트 스티치를 사용합니다.

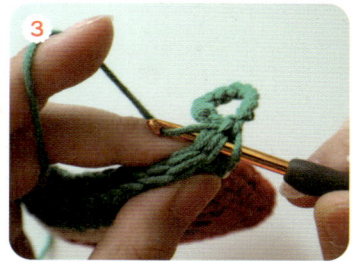

10단(수세미 고리) 작업 후 9단을 반으로 접어서 빼뜨기로 막아 줍니다.

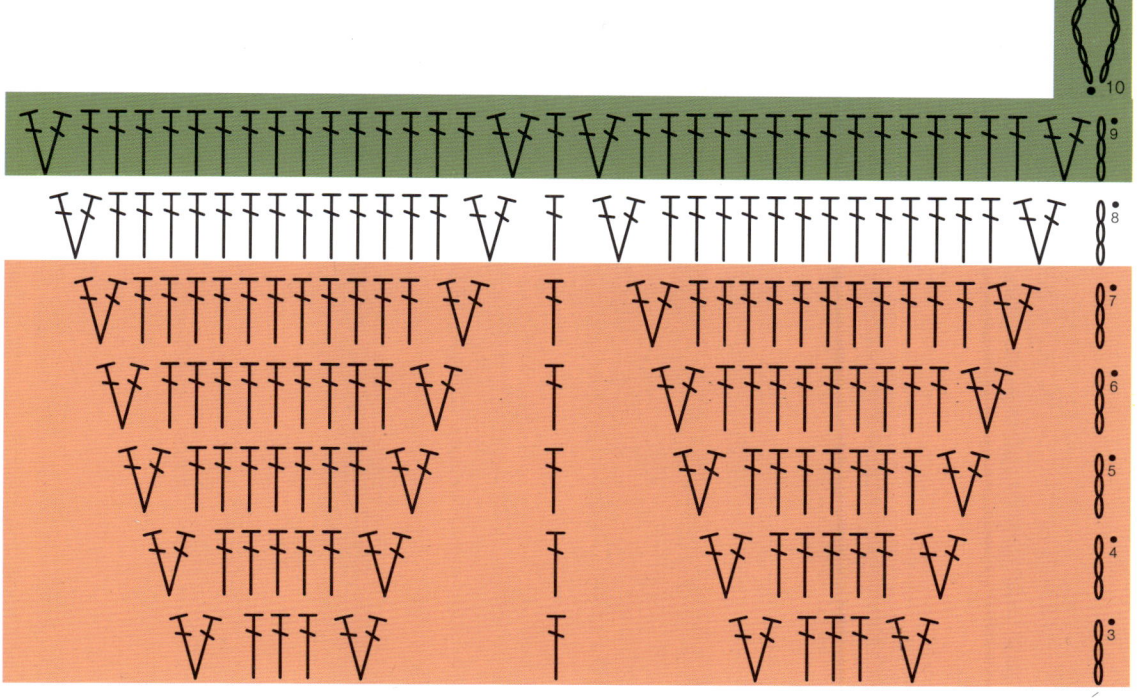

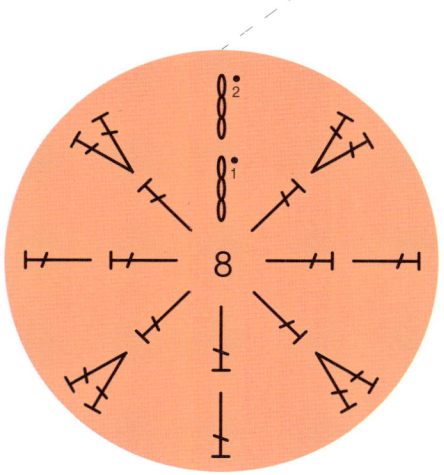

수박(사진 3)

QR코드를 찍어 만드는
과정을 확인해 보세요!

5

키위

Kiwi

생각만 해도 새콤함이 입안에 가득 퍼지네요.
키위 수세미로 주방에 키위 향기를 가득 담아보세요.

- **난이도** ★
- **크기(가로×세로)** 10.5×10.5㎝
- **재료** 코바늘 6호, 돗바늘
  웰빙수세미: 1, 18, 72
  아이돌실: 2

- **뜨개법** 빼뜨기, 사슬뜨기, 한길긴뜨기, 한길 긴
  2코 늘리기, 한길 긴 2코 줄이기
- **색상 변경 위치** 2, 4단
- **수세미 고리 위치** 11단

How to Make

키위

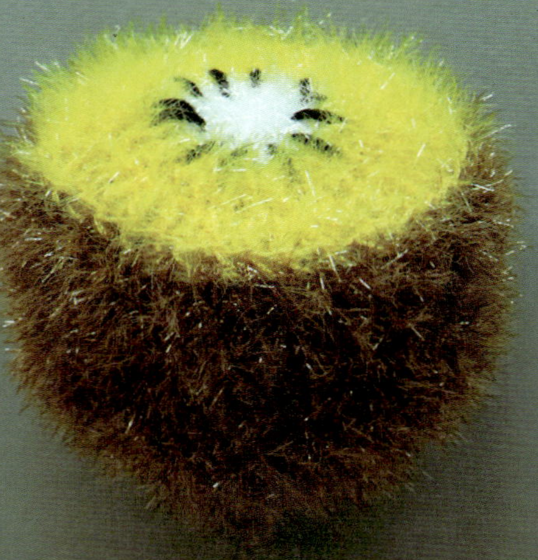

1

원형뜨기로 시작합니다.

2

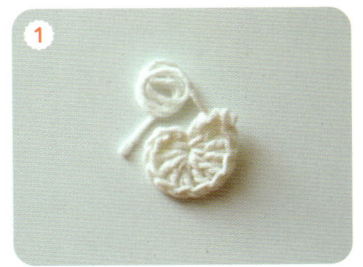

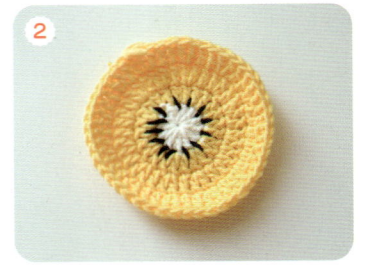

3단 작업 후 면사로 씨를 수놓아 주세요. 스트레이트 스티치를 사용합니다.

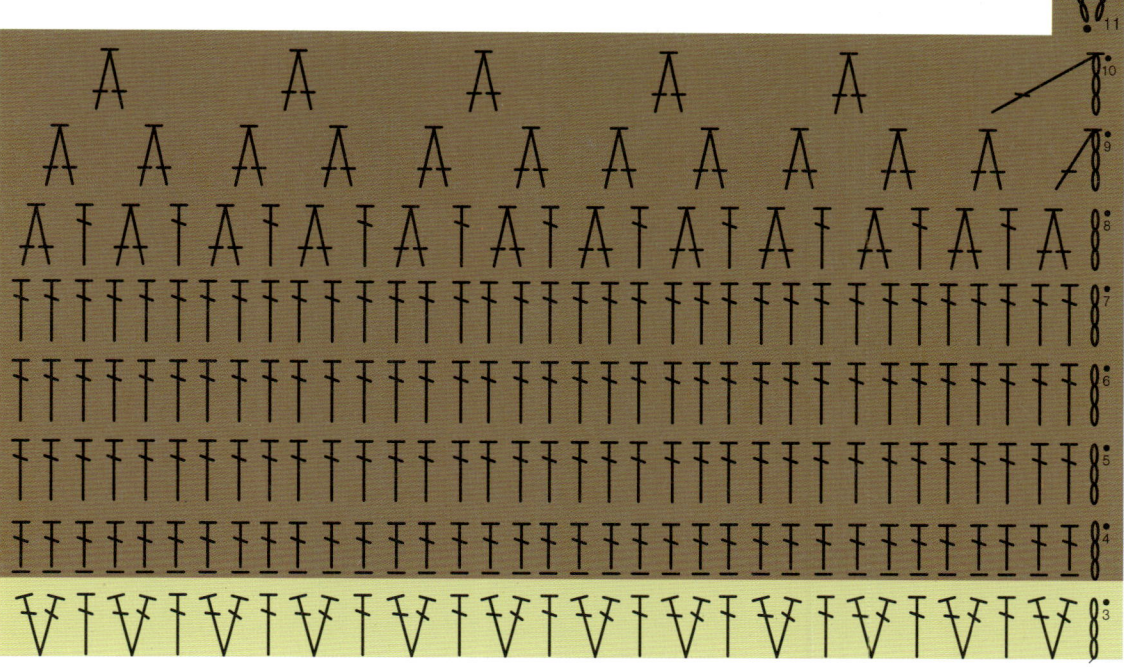

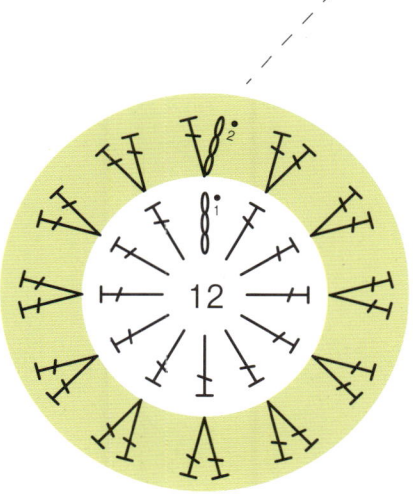

6

레몬

Lemon

노란색 실만 있으면 금방 뜰 수 있는 레몬 수세미!
초보자도 쉽게 도전할 수 있답니다.
레몬 향이 나는 것 같은 설거지 시간이 기대돼요

- **난이도** ★★
- **크기(가로×세로)** 9×13㎝
- **재료** 코바늘 6호, 돗바늘
  웰빙수세미: 4, 18

- **뜨개법** 빼뜨기, 사슬뜨기, 짧은ㅈ뜨기, 긴뜨기,
  한길긴뜨기, 한길 긴 2크 늘리기, 한길
  긴 2코 줄이기
- **수세미 고리 위치** 잎 고정하면서 만들기

레몬

레몬: 원형뜨기로 시작합니다.

잎: 사슬뜨기로 시작합니다.

잎 만들기.

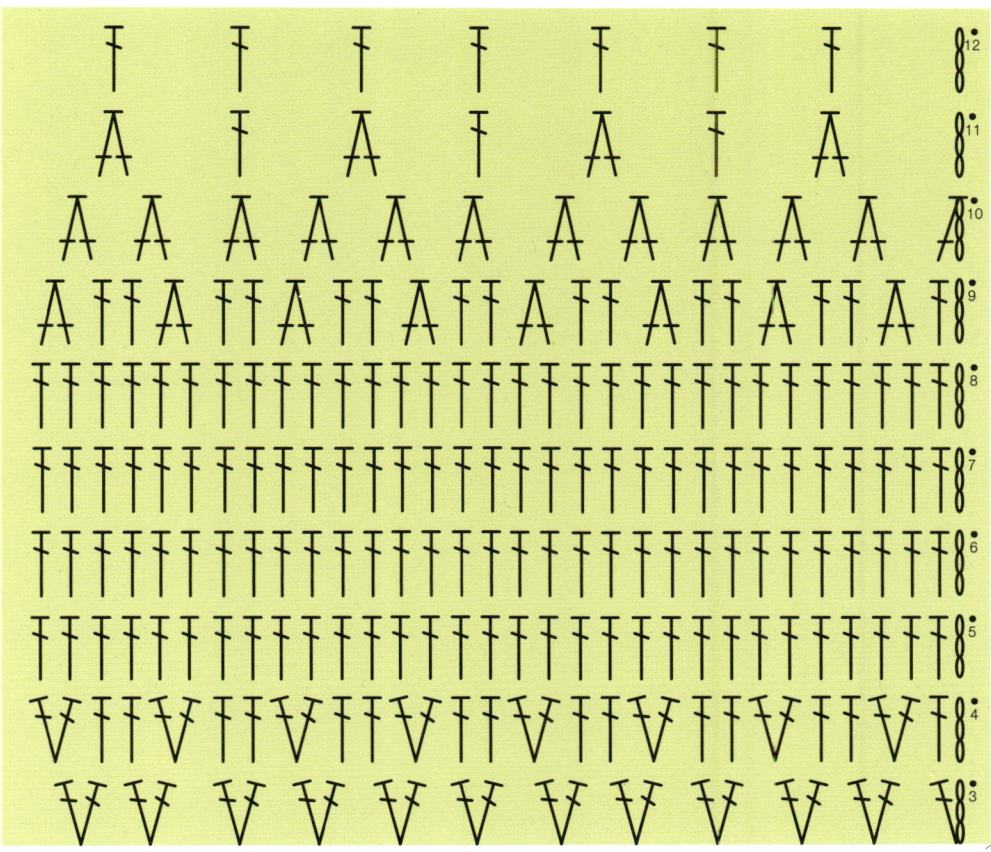

● 잎

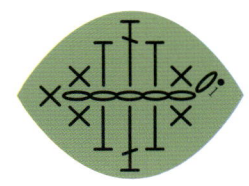

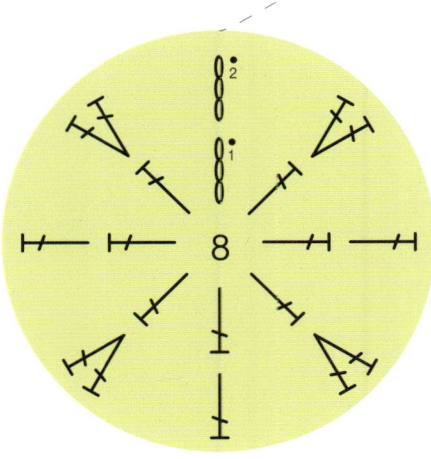

레몬(사진 3)

QR코드를 찍어 만드는
과정을 확인해 보세요!

사과

Apple

미인은 사과를 많이 먹는다고 하죠.
주방에도 사과를 하나 둬 보세요.
크기가 넓어서 어떤 그릇도 잘 닦을 수 있습니다.

- **난이도** ★★
- **크기(가로×세로)** 10×10㎝
- **재료** 코바늘 6호, 돗바늘
  웰빙수세미: 4, 8, 24, 46, 72
  아이돌실: 33

- **뜨개법** 빼뜨기, 사슬뜨기, 짧은뜨기, 긴뜨기, 한
  길긴뜨기, 한길긴뜨기(이랑뜨기), 한길
  긴 2코 늘리기, 한길 긴 2코 줄이기
- **색상 교체 위치** 2, 5단
- **수세미 고리 위치** 잎 고정하면서 만들기

How to Make

사과

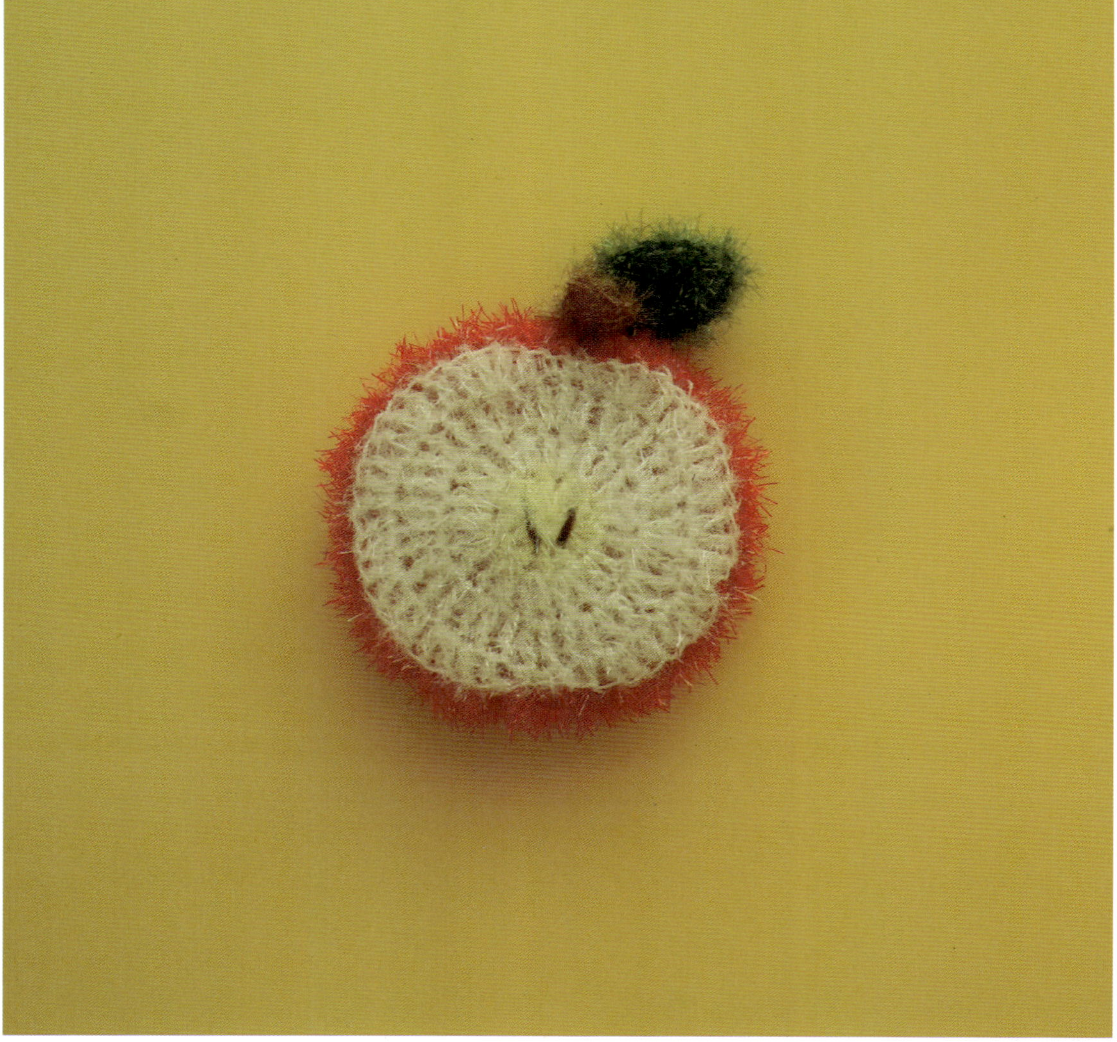

1

사과: 원형뜨기로 시작합니다.

2

잎: 사슬뜨기로 시작합니다.

3

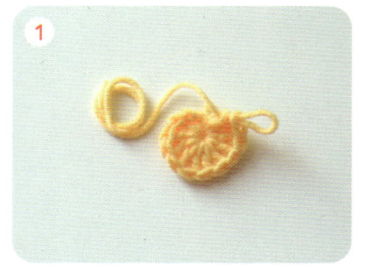

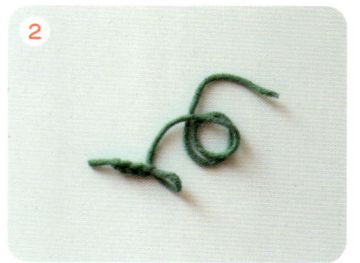

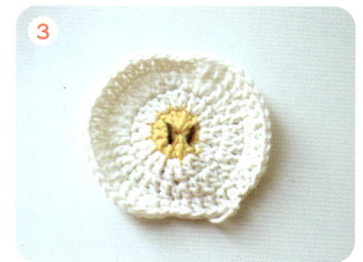

4단 작업 후 면사로 씨를 수놓아 주세요. 스트레이트 스티치를 사용합니다.

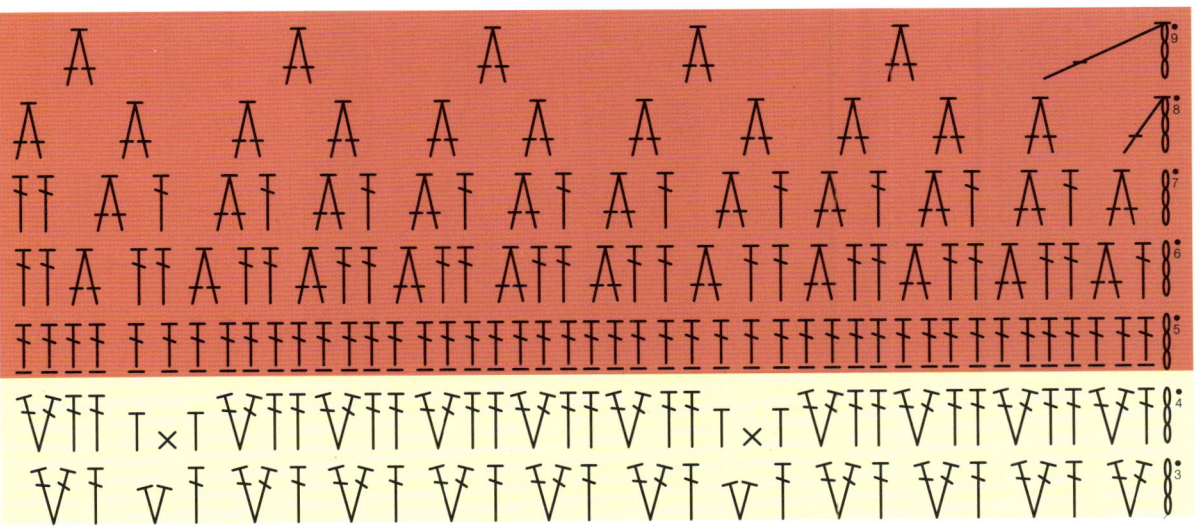

 잎

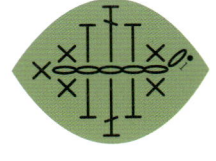

8

복숭아

Peach

달콤한 향이 매력적인 복숭아!
원래는 여름에만 반짝 맛볼 수 있는 과일이었죠.
하지만 주방에서는 사계절 내내 볼 수 있습니다.

- **난이도** ★★
- **크기(가로×세로)** 10×9㎝
- **재료** 코바늘 6호, 돗바늘
  웰빙수세미: 4, 65, 72

- **뜨개법** 빼뜨기, 사슬뜨기, 짧은뜨기, 긴뜨기, 한
  길긴뜨기, 한길 긴 2코 늘리기, 한길 긴
  2코 줄이기, 한길 긴 뒤걸어뜨기
- **색상 교체 위치** 12단
- **수세미 고리 위치** 12단

How to Make

복숭아

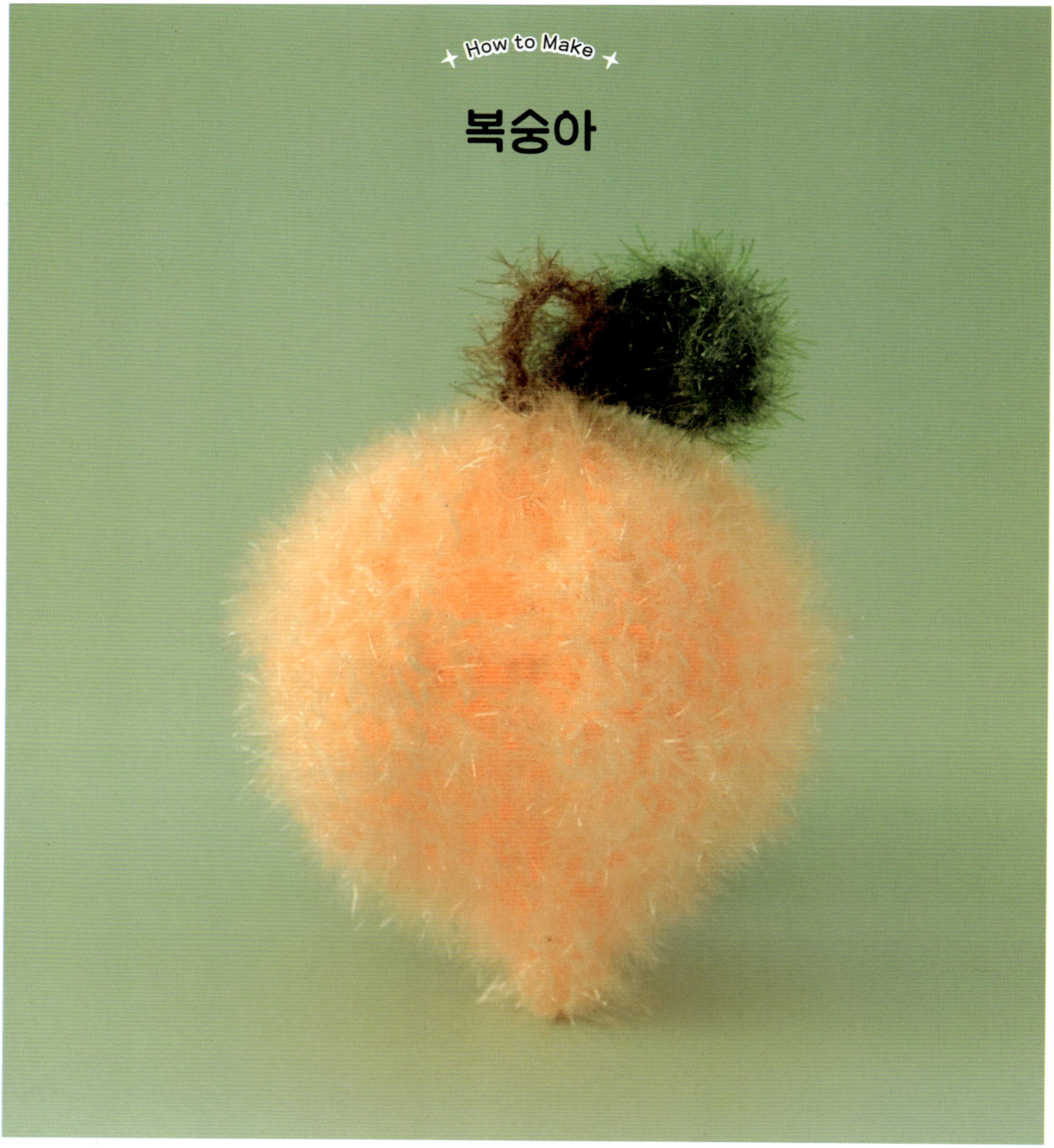

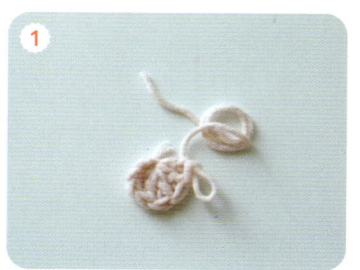

복숭아: 원형뜨기로 시작합니다.

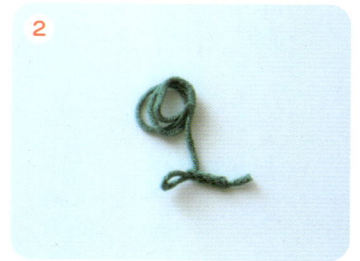

잎: 사슬뜨기로 시작합니다.

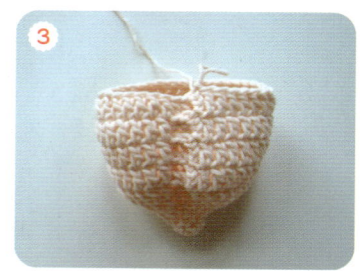

6~8단 앞부분은 한길 긴 뒤걸어뜨기 해 주세요.

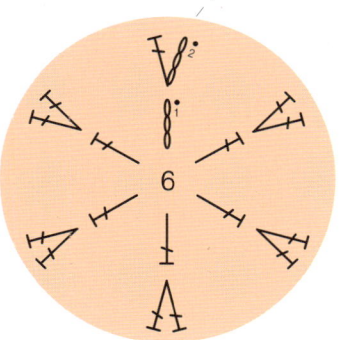

● 잎(고정 후 마무리한다.)

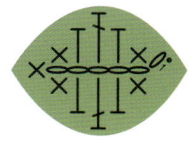

9

한라봉

Hanrabong

레드향, 천혜향, 황금향… 비슷한 생김새의 친구들이 많아요!
하지만 한라봉은 제주도 대표 과일이랍니다.
맛과 향이 아주 좋은 한라봉을 수세미로 만들어 보세요.

- **난이도** ★★
- **크기(가로×세로)** 10×11㎝
- **재료** 코바늘 6호, 돗바늘
  웰빙수세미: 4, 47
- **뜨개법** 빼뜨기, 사슬뜨기 , 짧은뜨기, 긴뜨기, 한 길긴뜨기, 한길 긴 2코 늘리기, 한길 긴 2코 줄이기, 한길 긴 5코 팝콘뜨기
- **수세미 고리 위치** 잎 고정하면서 만들기

한라봉

1

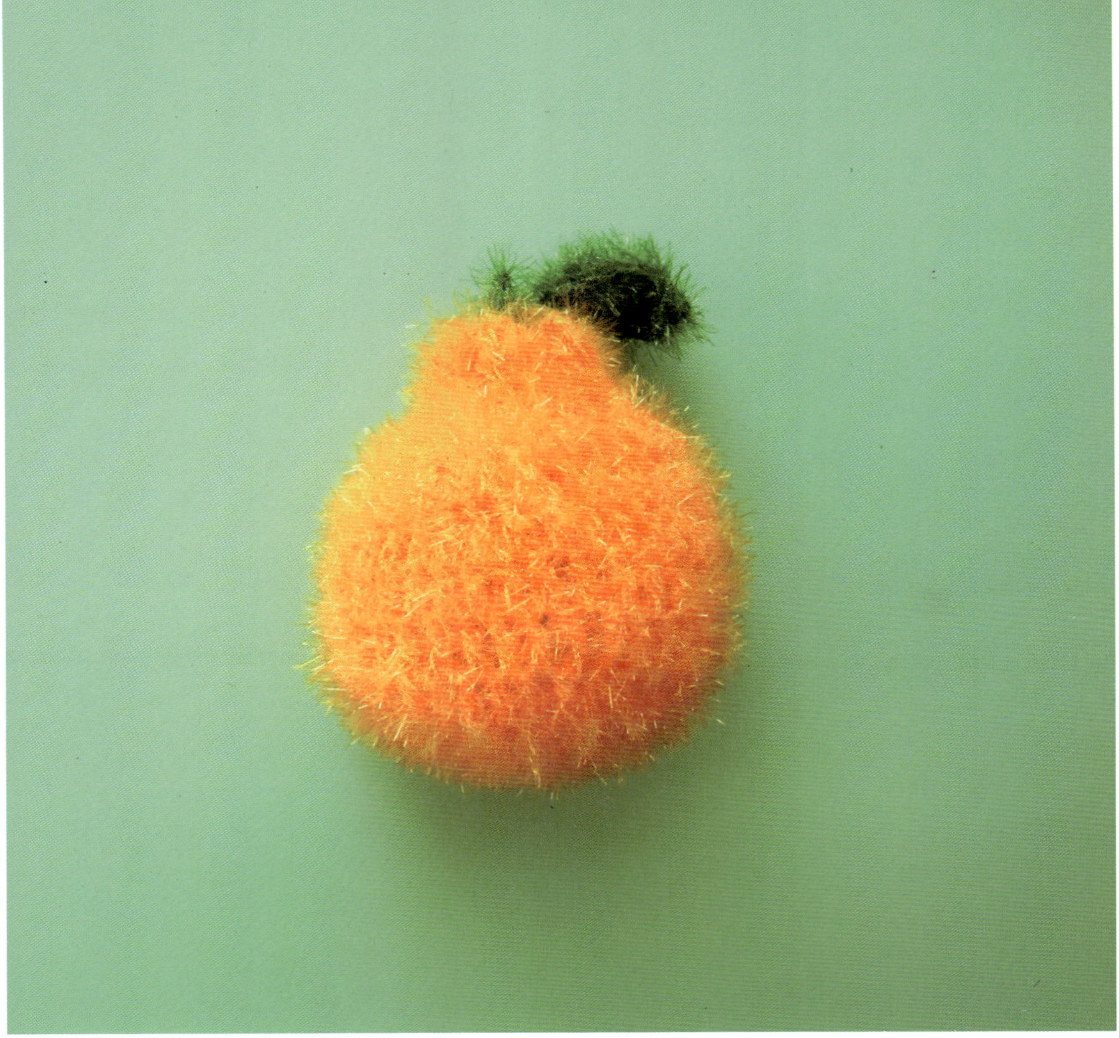

한라봉: 원형뜨기로 시작합니다.

2

잎: 사슬뜨기로 시작합니다.

3

10단은 팝콘뜨기로 작업합니다.

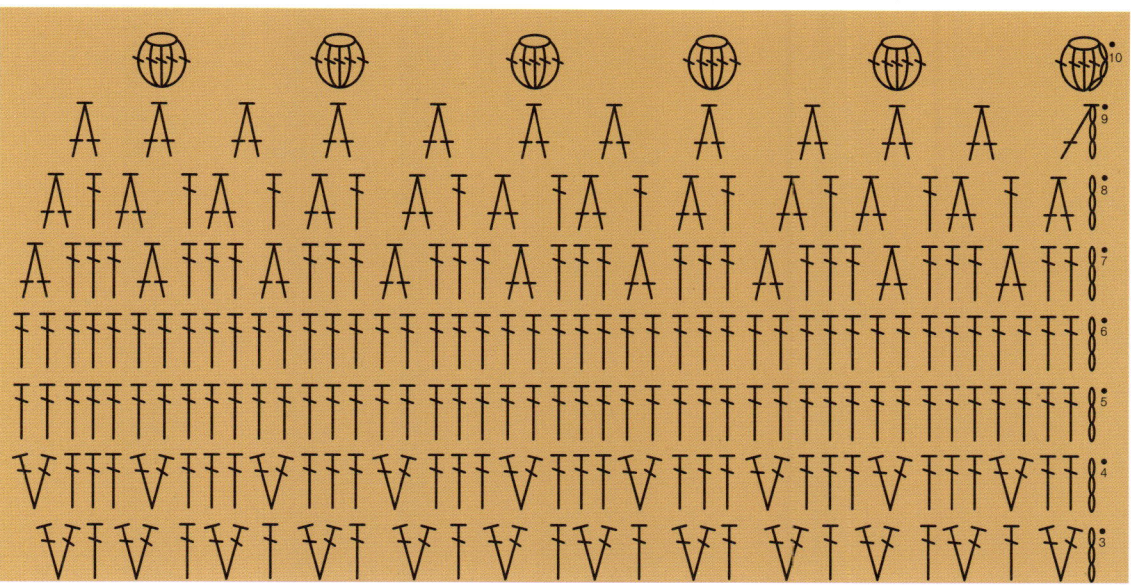

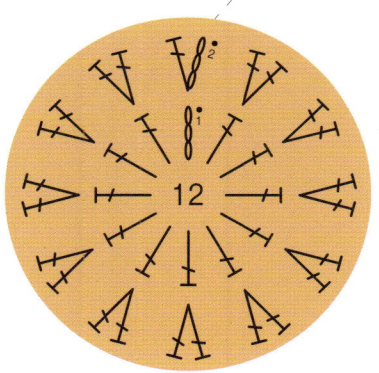

● 잎

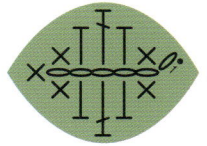

QR코드를 찍어 만드는
과정을 확인해 보세요!

청귤

Blue tangerine

초록색을 띄고 있는 청귤로 과일청을 만들어 먹지오.
주방에도 청귤을 놓아보세요.
향긋한 냄새가 주방에도 가득 퍼지는 기분입니다.

- **난이도** ★★
- **크기(가로×세로)** 10×10㎝
- **재료** 코바늘 6호, 돗바늘
  웰빙수세미: 1, 4, 75

- **뜨개법** 빼뜨기, 사슬뜨기, 긴뜨기, 한길긴뜨기,
  한길 긴 2코 늘리기, 한길 긴 2코 줄이기
- **색상 변경 위치** 2, 4, 5단
- **수세미 고리 위치** 5단 빼뜨기 후 작업

How to Make

청귤

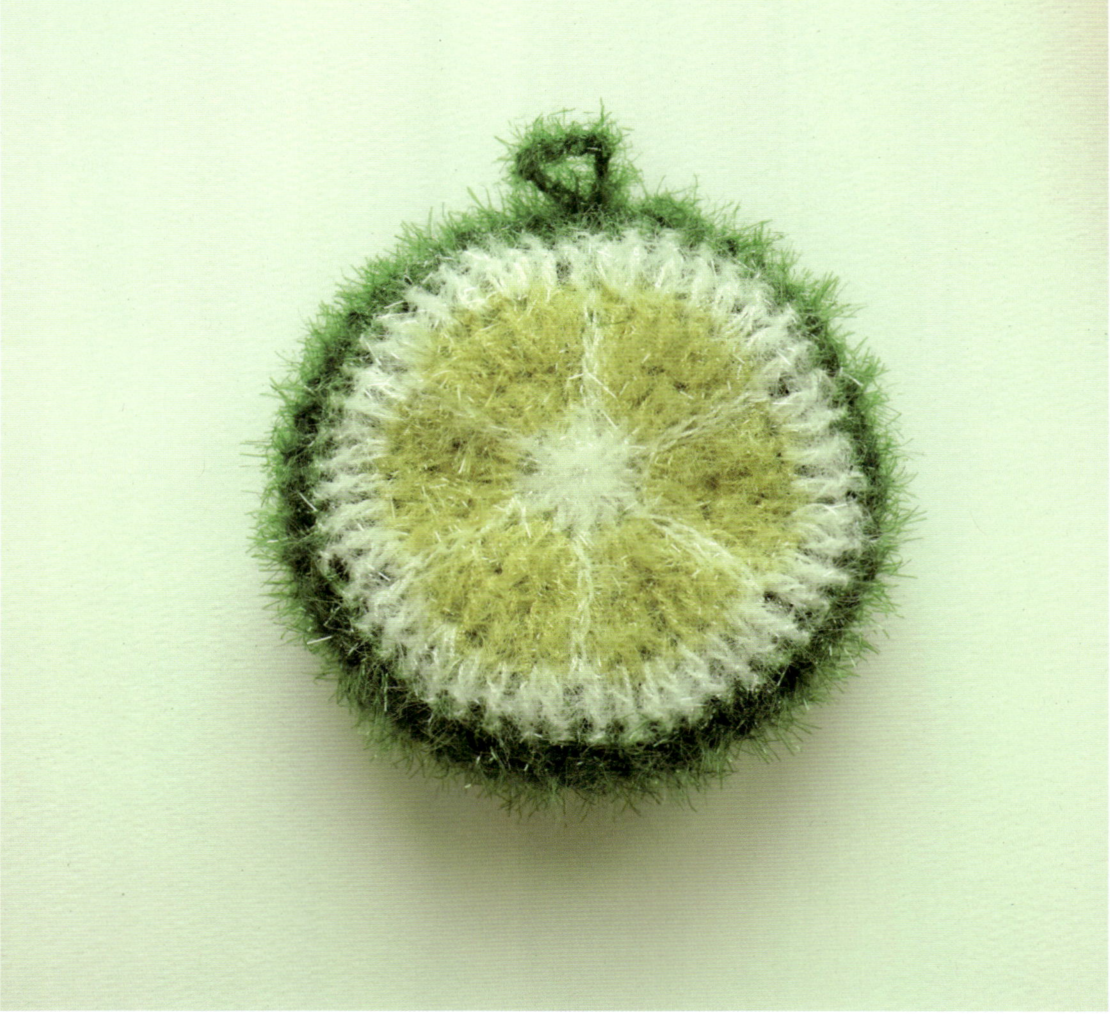

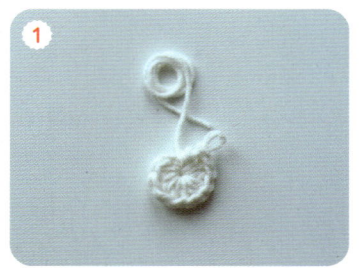

원형뜨기로 시작합니다.

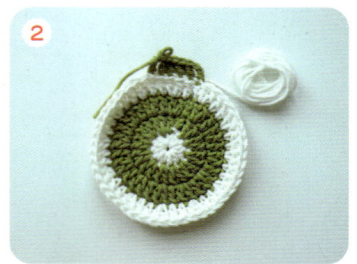

4단 작업 후 흰색 실을 150㎝ 남기고 자릅니다.

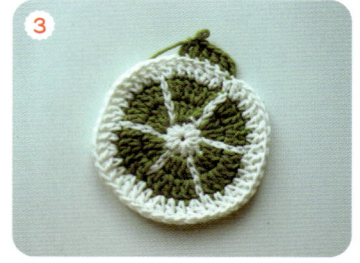

5단 작업 후 2번에서 남겨 둔 실을 이용해 코바늘로 무늬를 만듭니다.

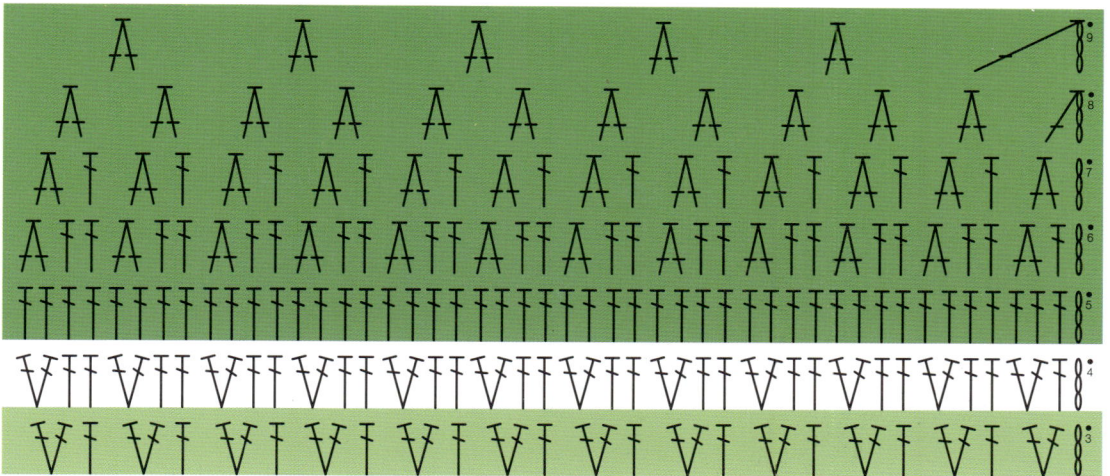

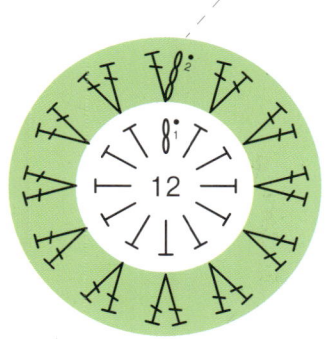

청귤(사진 3)

QR코드를 찍어 만드는
과정을 확인해 보세요!

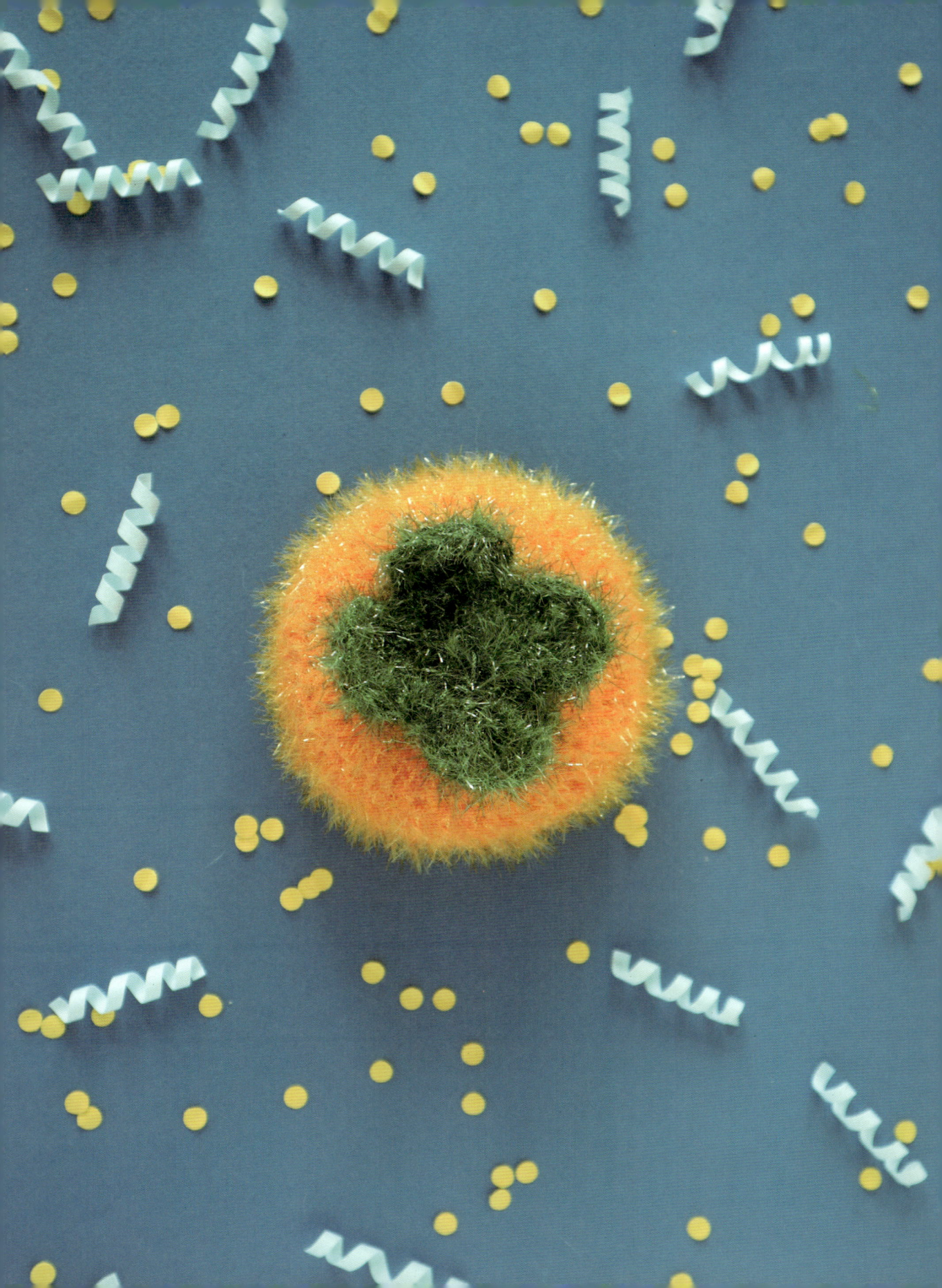

감

Persimmon

초록색 꼭지가 매력적이죠?
홍시는 금방 물러버려서 보관 기간이 길지 않지요.
하지만 수세미는 오랜 시간 쓸 수 있답니다!

- **난이도** ★★★
- **크기(가로×세로)** 10×10㎝
- **재료** 코바늘 6호, 돗바늘
  웰빙수세미: 4, 47
- **뜨개법** 빼뜨기, 사슬뜨기, 긴뜨기+한길긴뜨기

(늘리기), 한길긴뜨기, 한길 긴 2코 늘리기, 한길 긴 2코 줄이기, 두길 긴 5코 늘리기
- **색상 변경 위치** 4단
- **수세미 고리 위치** 3단 빼뜨기 후 작업

감

원형뜨기로 시작합니다.

2~4단을 작업합니다.

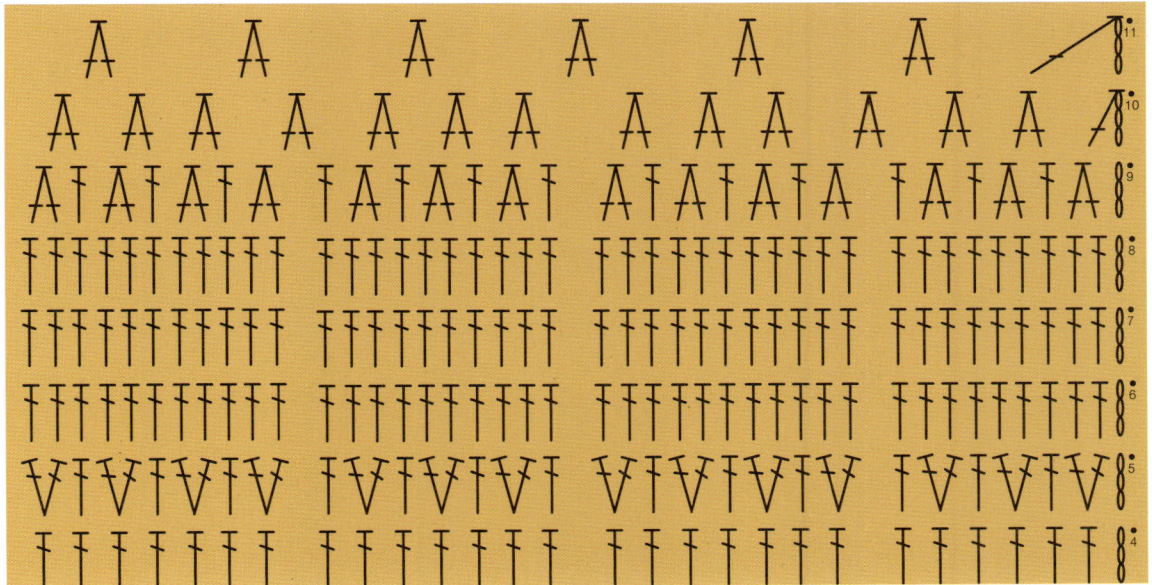

감(사진 2)

QR코드를 찍어 만드는
과정을 확인해 보세요!

무화과

Fig

클레오파트라도 즐겨 먹었다는 귀인의 열매라고 하네요.
여러 방법으로 먹을 수 있는 무화과를 주방에서도 만나보세요!

- **난이도** ★★★
- **크기(가로×세로)** 10×12㎝
- **재료** 코바늘 6호, 돗바늘
  웰빙수세미: 28, 76

- **뜨개법** 빼뜨기, 사슬뜨기, 짧은뜨기, 긴뜨기, 한길긴뜨기, 한길 긴 2코 늘리기, 한길 긴 2코 줄이기
- **색상 변경 위치** 8단
- **수세미 고리 위치** 잎 고정하면서 만들기

How to Make

무화과

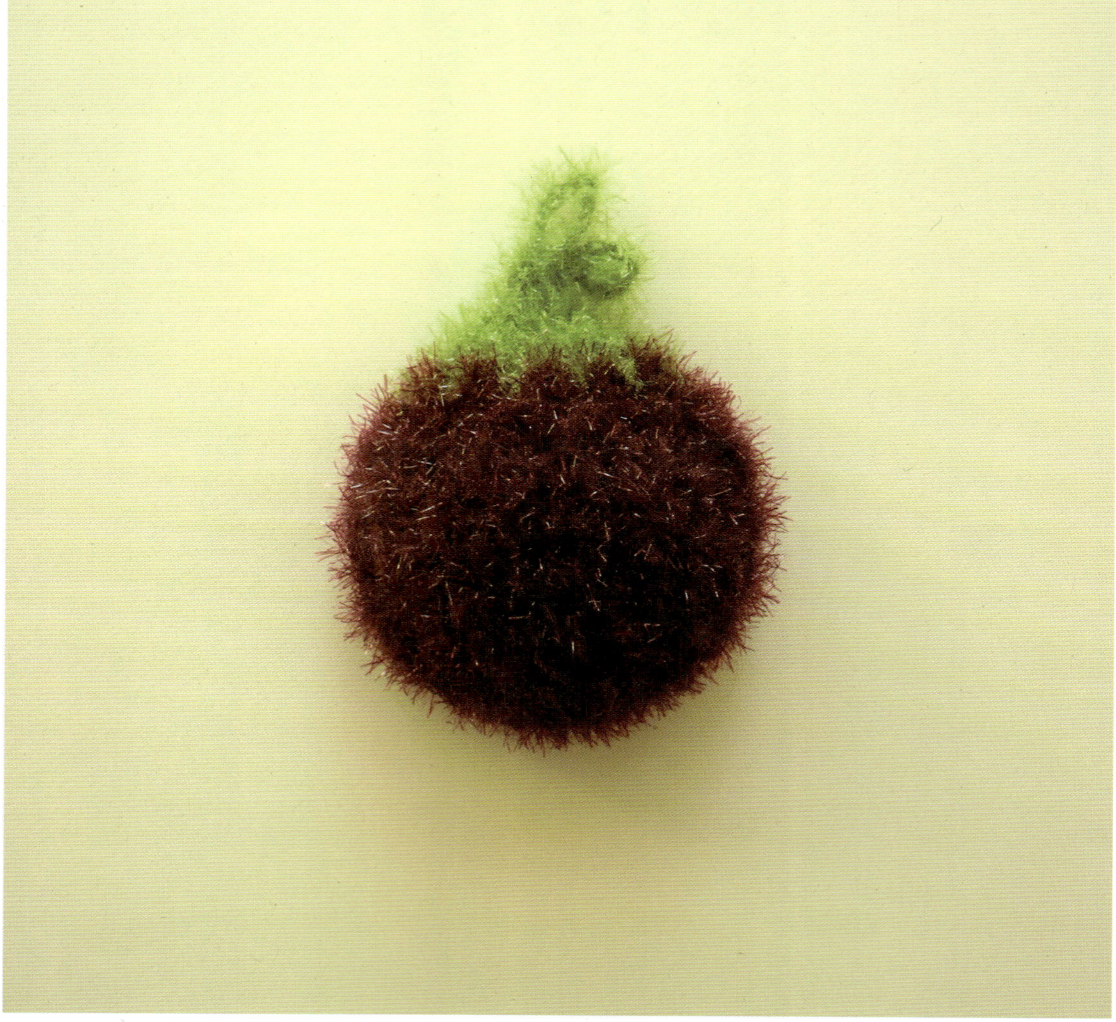

1

무화과: 원형뜨기로 시작합니다.

2

잎: 사슬뜨기로 시작합니다.

3

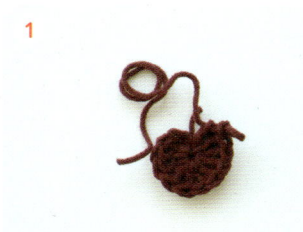

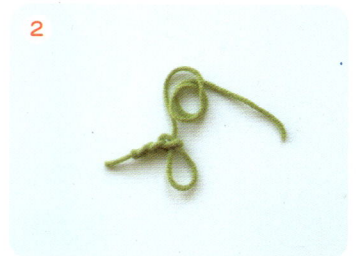

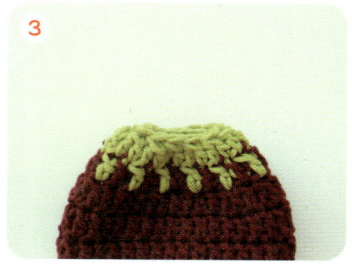

8단은 색상을 번갈아가며 작업합니다.

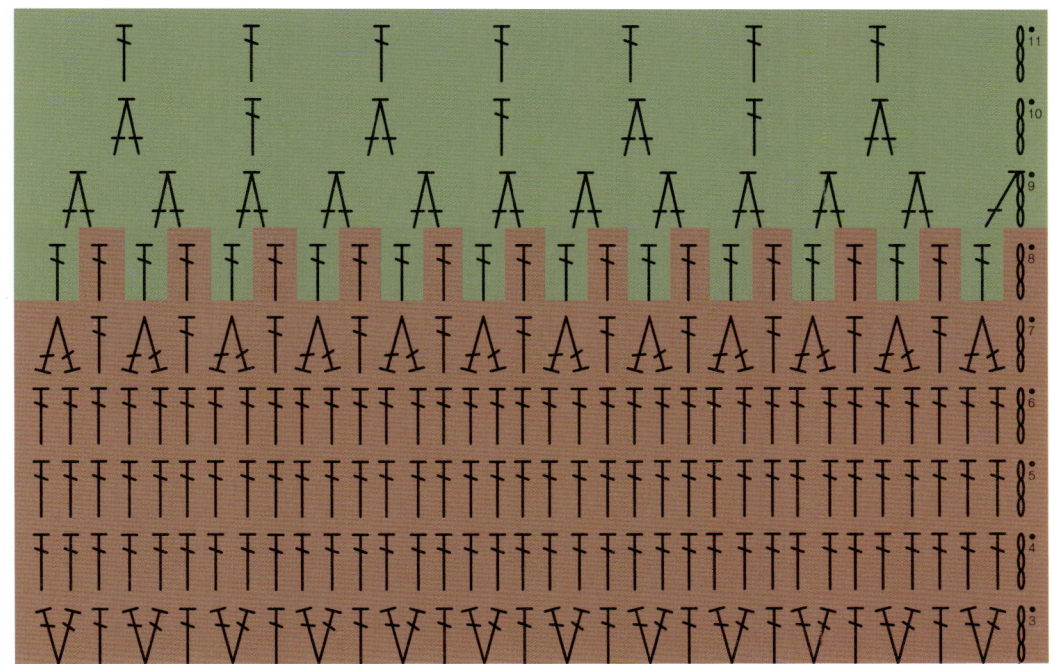

● 잎

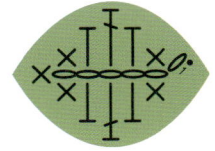

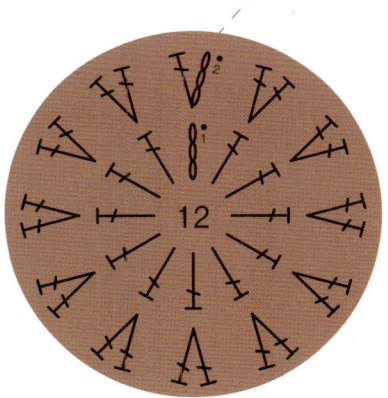

무화과(사진 3)

QR코드를 찍어 만드는
과정을 확인해 보세요!

PART 3

채소 수세미

VEGETABLE

필수영양소가 많지만 먹기 싫어하는 아이들에게 채소를 만들어 주세요!
놀이를 통해 친숙해지면 편식이 사라질 거에요!

13

브로콜리

Broccoli

비타민 C가 레몬의 2배인 웰빙 식품 브로콜리!
산뜻한 초록색이 매력적이에요.

- **난이도** ★
- **크기(가로×세로)** 11×13㎝
- **재료** 코바늘 6호, 돗바늘
  웰빙수세미: 4, 86
- **뜨개법** 빼뜨기, 사슬뜨기, 한길긴뜨기,
  한길 긴 2코 늘리기, 한길 긴 2코 줄이기
- **색상 변경 위치** 10단
- **수세미 고리 위치** 12단

브로콜리

1

원형뜨기로 시작합니다.

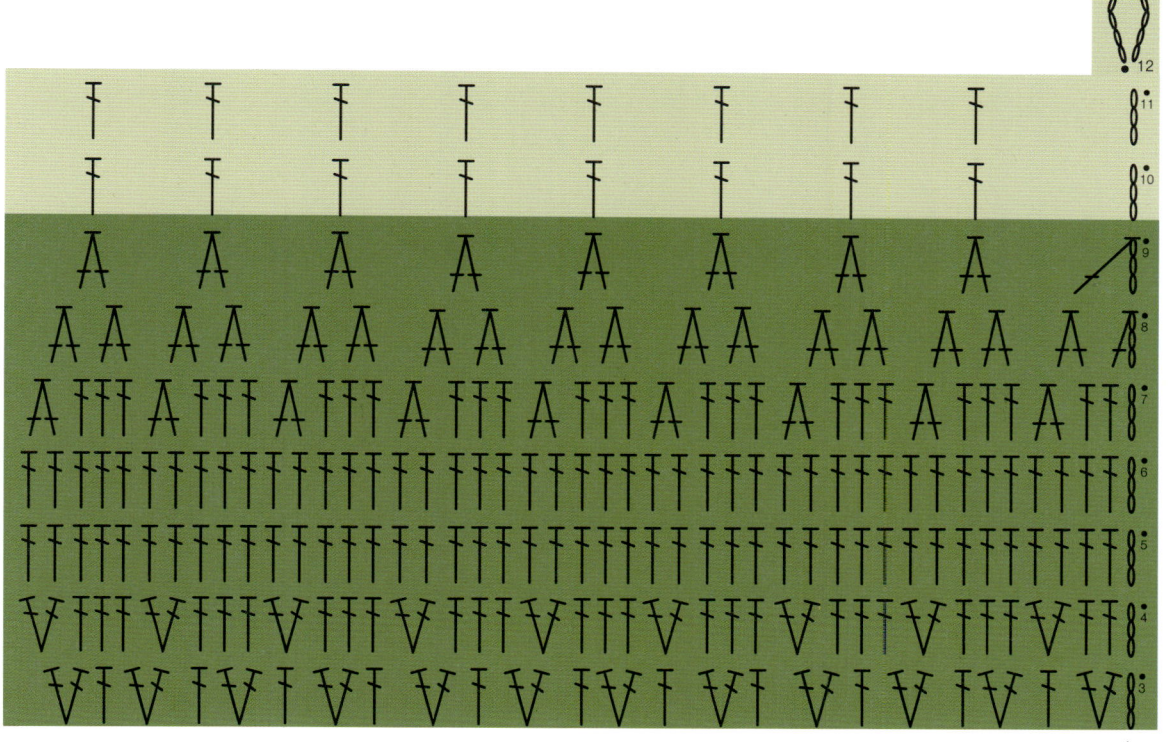

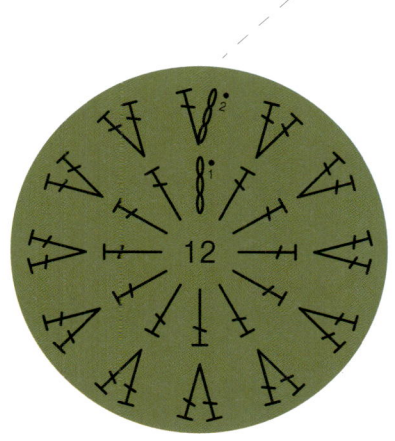

14

당근

Carrot

쨍한 주황색으로 만들면 하나만 있어도 주방에 포인트가 됩니다.
당근은 길쭉한 모양이라 손이 닿지 않던 컵이나 물병을 닦기 좋아요.

- **난이도** ★
- **크기(가로×세로)** 9×13㎝
- **재료** 코바늘 6호, 돗바늘
  웰빙수세미: 4, 7

- **뜨개법** 빼뜨기, 사슬뜨기, 한길긴뜨기, 한길 긴 2코 늘리기, 한길 긴 2코 줄이기
- **색상 변경 위치** 13단
- **수세미 고리 위치** 13단

당근

1

원형뜨기로 시작합니다.

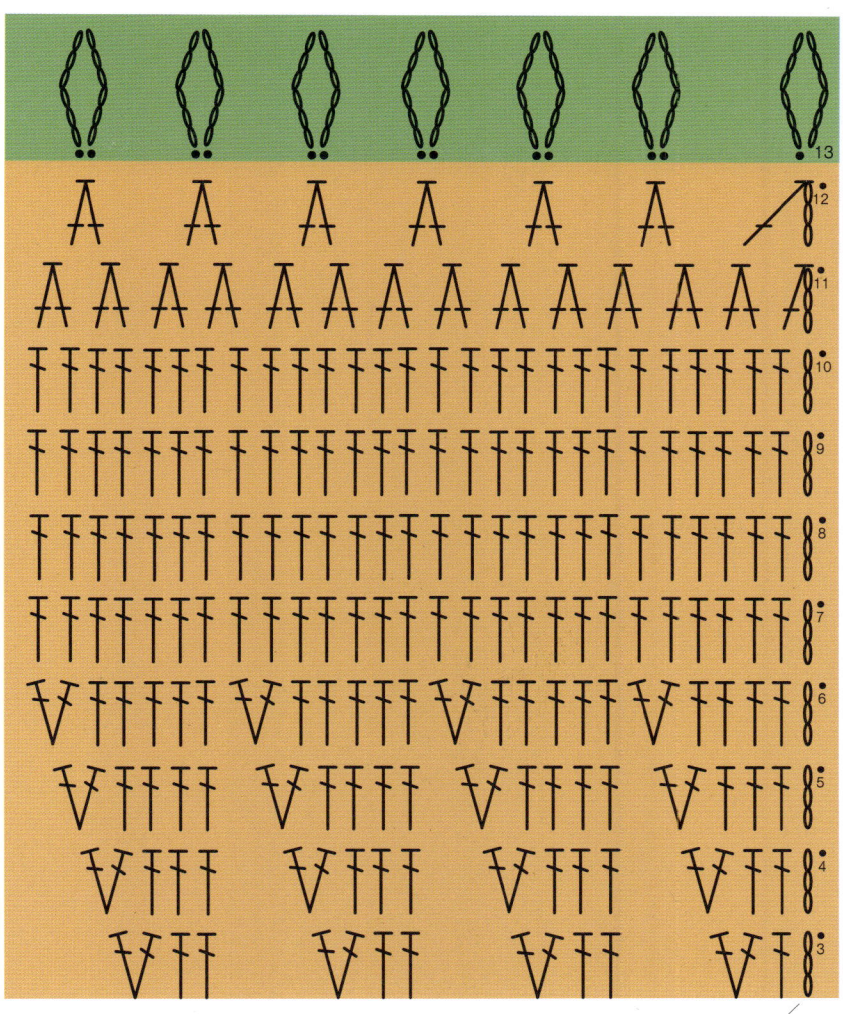

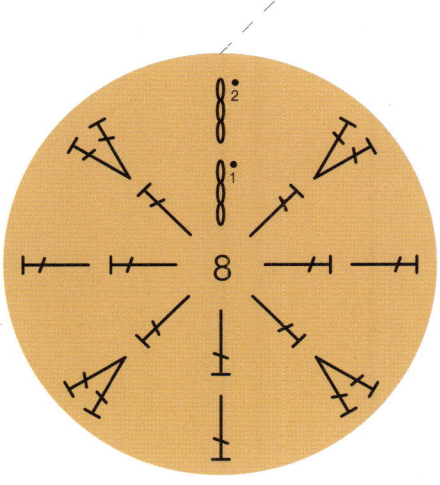

콜라비

kohlrabi

양배추를 뜻하는 독일어 'kohl'과 순무를 뜻하는 'rabi'를 합쳐서 만든 콜라비.
보라색이 주방 분위기를 확 끌어 올려 주네요!

- **난이도** ★
- **크기(가로×세로)** 11×10㎝
- **재료** 코바늘 6호, 돗바늘
  웰빙수세미: 4, 28
- **뜨개법** 빼뜨기, 사슬뜨기, 한길긴뜨기, 한길 긴
  2코 늘리기, 한길 긴 2코 줄이기
- **색상 변경 위치** 10단
- **수세미 고리 위치** 10단

콜라비

1

원형뜨기로 시작합니다.

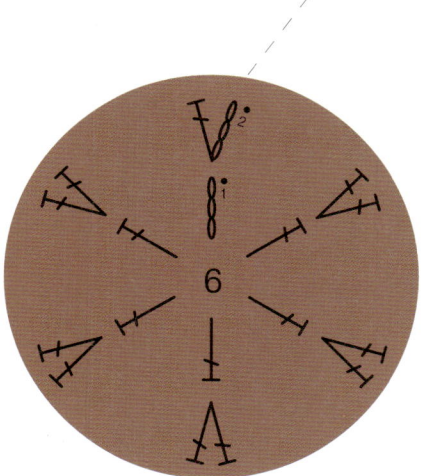

16

무

Radish

우리 식탁에서 빠지는 법이 없는 채소입니다.
볶아 먹고, 무쳐 먹고, 끓여 먹고, 말려서도 먹지요.
싱크대까지 점령해 버린 무 수세미입니다.

- **난이도** ★
- **크기(가로×세로)** 8×13㎝
- **재료** 코바늘 6호, 돗바늘
  웰빙수세미: 1, 4, 76

- **뜨개법** 빼뜨기, 사슬뜨기, 한길긴뜨기, 한길 긴
  2코 늘리기, 한길 긴 2코 줄이기
- **색상 변경 위치** 9, 11단
- **수세미 고리 위치** 12단

무

원형뜨기로 시작합니다.

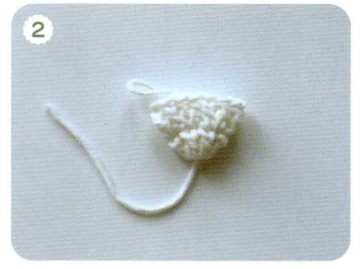

2단 작업 후 꼬리 실을 밖으로 빼서 뿌리를 표현합니다.

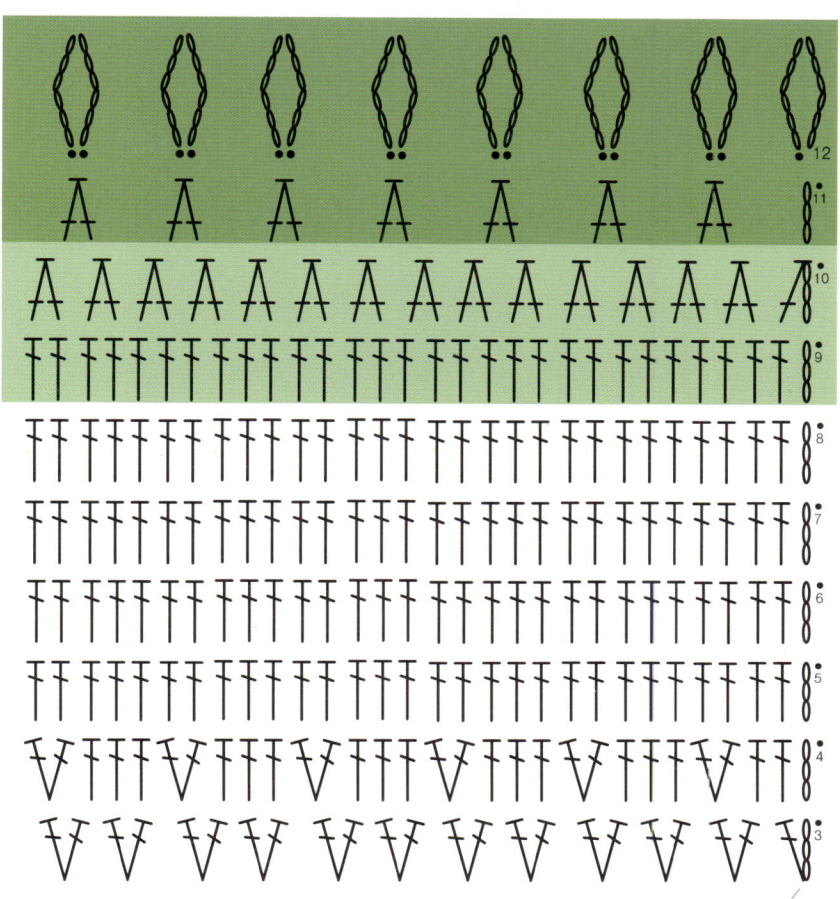

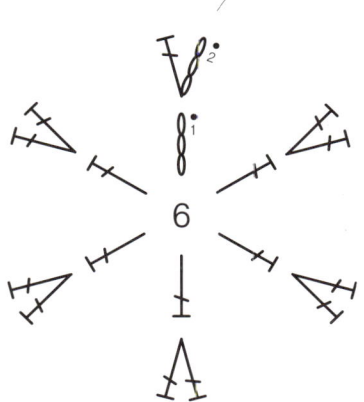

도토리

Acorns

다람쥐가 양 볼에 가득 물고 가는 도토리.
겨우내 다람쥐의 식량이 되어주는 도토리를 만들어 보세요.
우리 집 주방에서 포인트가 되어줄 것입니다.

- **난이도** ★
- **크기(가로×세로)** 10×12㎝
- **재료** 코바늘 6호, 돗바늘
  웰빙수세미: 72, 76

- **뜨개법** 빼뜨기, 사슬뜨기, 한길긴뜨기, 한길 긴
  2코 늘리기, 한길 긴 2코 줄이기
- **색상 변경 위치** 7단
- **수세미 고리 위치** 12단

도토리

1

원형뜨기로 시작합니다.

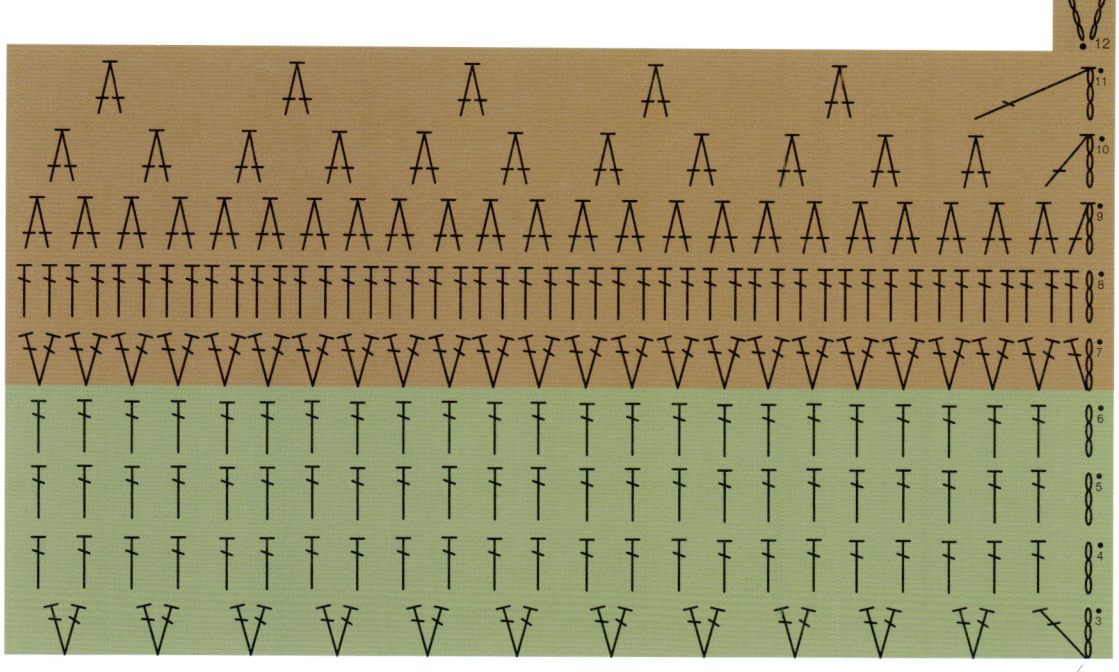

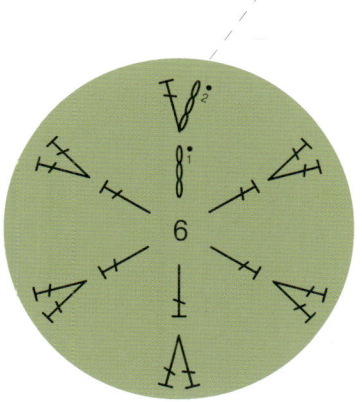

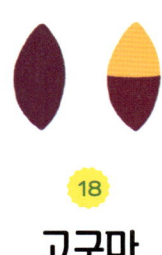

18

고구마

Sweet potato

달콤한 고구마는 어떻게 먹어도 맛있지요.
수세미로 만든 고구마로 설거지를 해 보세요.
기름이 있는 것과 없는 것을 나눠서 닦기에 아주 좋아요.

- **난이도** ★
- **크기(가로×세로)** 9×15㎝
- **재료** 코바늘 6호, 돗바늘
  웰빙수세미: 18, 28
- **뜨개법** 빼뜨기, 사슬뜨기, 한길긴뜨기, 한길 긴 2코 늘리기, 한길 긴 2코 줄이기
- **색상 변경 위치** 7단
- **수세미 고리 위치** 13단

고구마

1

원형뜨기로 시작합니다.

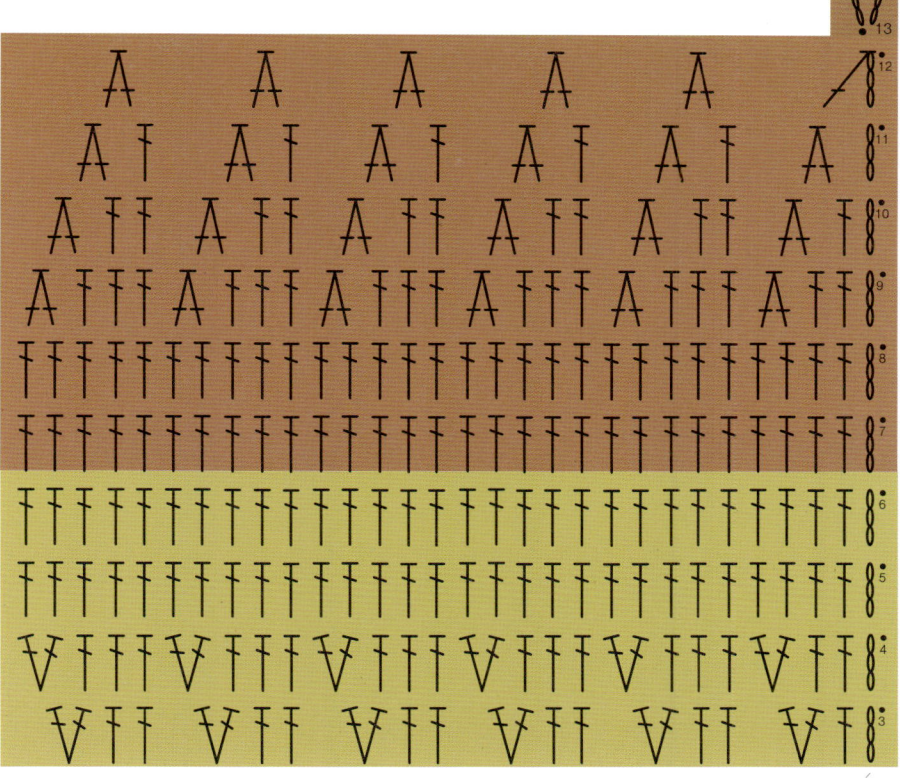

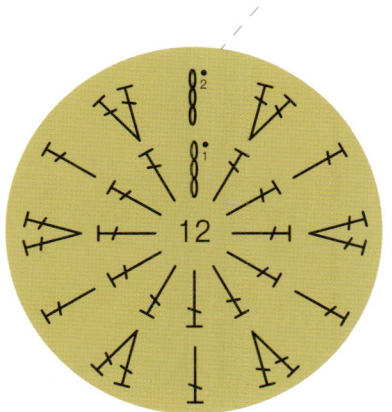

19

새송이버섯

King oyster mushroom

새송이버섯은 건강과 장수에 좋다고 알려져 있어요.
수세미로 만든 새송이버섯으로 가족의 건강을 지켜보세요!

- **난이도** ★
- **크기(가로×세로)** 9×13㎝
- **재료** 코바늘 6호, 돗바늘
  웰빙수세미: 24, 71

- **뜨개법** 빼뜨기, 사슬뜨기, 한길긴뜨기, 한길 긴
  2코 늘리기, 한길 긴 2코 줄이기
- **색상 변경 위치** 6단
- **수세미 고리 위치** 13단

새송이버섯

원형뜨기로 시작합니다.

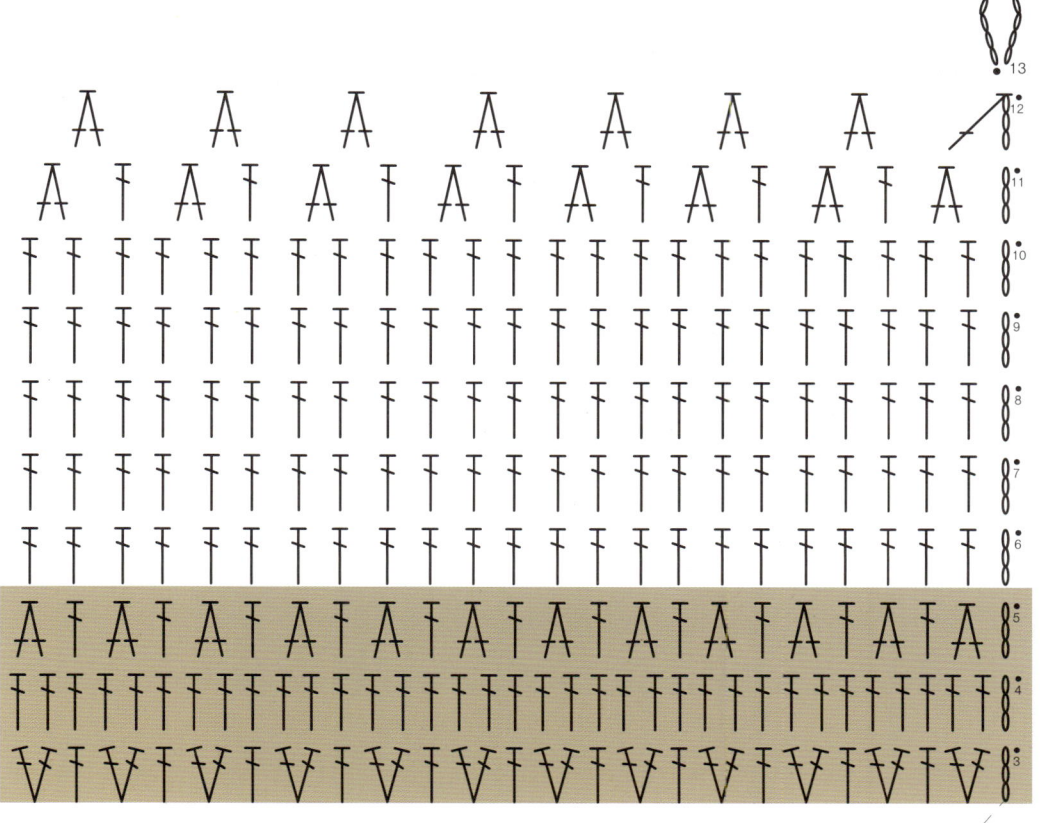

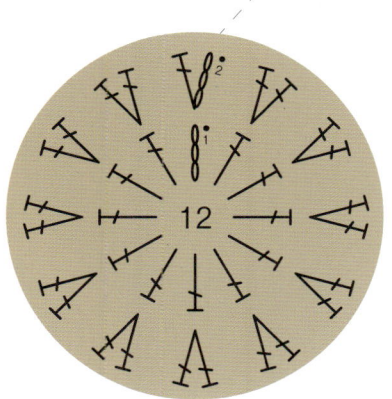

가지

Eggplant

엷은 자색에, 단맛을 지닌 가지의 장점을 열거하자면 끝이 없어요!
가지 모양으로 뜬 수세미로 설거지를 해 보세요.
거품도 잘 나고 구석구석 씻기에 아주 좋답니다.

- **난이도** ★
- **크기(가로×세로)** 9×13㎝
- **재료** 코바늘 6호, 돗바늘
  웰빙수세미: 4, 13
- **뜨개법** 빼뜨기, 사슬뜨기, 한길긴뜨기, 한길 긴
  2코 늘리기, 한길 긴 2코 줄이기
- **색상 변경 위치** 12단
- **수세미 고리 위치** 12단

가지

1

원형뜨기로 시작합니다.

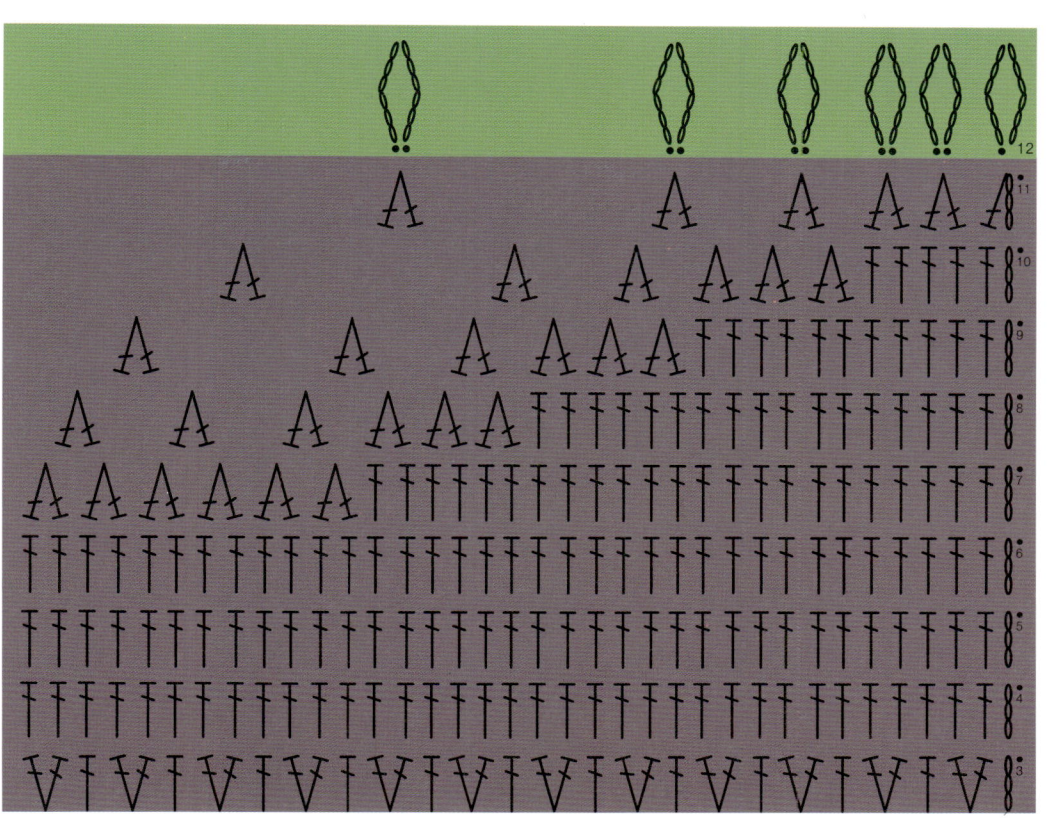

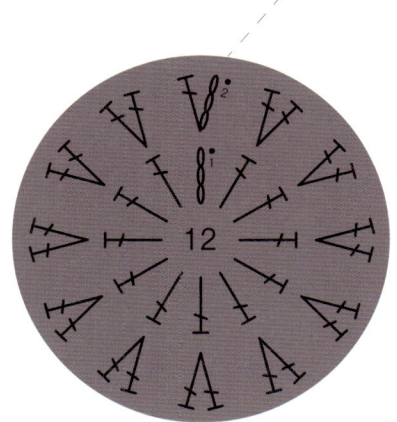

21

양파
Onion

까도 까도 눈물이 멈추지 않는 양파.
하지만 수세미로 만든 양파는 괜찮아요.
싱크대에서만 사용하기로 약속해요!

- **난이도** ★
- **크기(가로×세로)** 12×11㎝
- **재료** 코바늘 6호, 돗바늘
  웰빙수세미: 24, 71, 76

- **뜨개법** 빼뜨기, 사슬뜨기, 한길긴뜨기, 한길 긴 2코 늘리기, 한길 긴 2코 줄이기
- **색상 변경 위치** 11단
- **수세미 고리 위치** 11단

양파

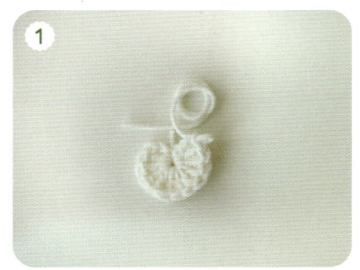

원형뜨기로 시작합니다.

2단 작업 후 갈색 실로 뿌리를 표현합니다.

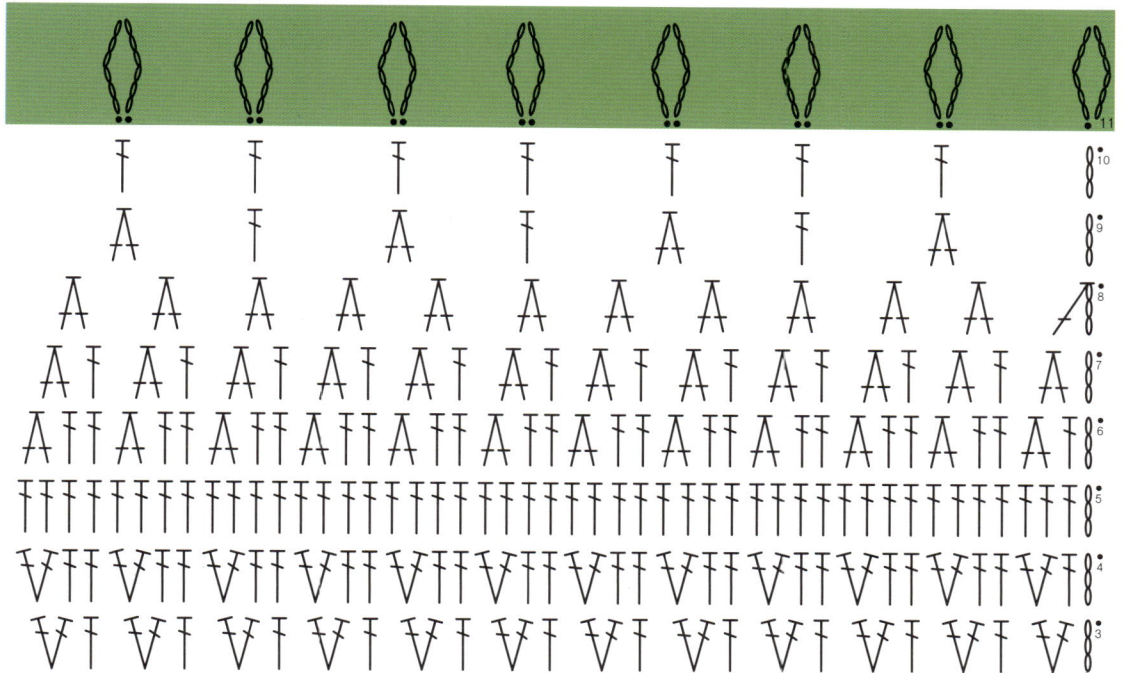

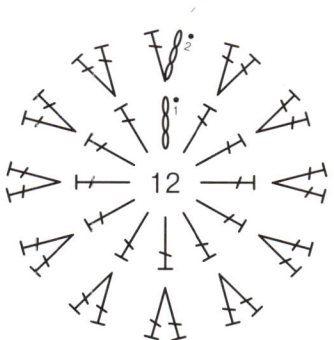

양파(사진 2)

QR코드를 찍어 만드는
과정을 확인해 보세요!

아보카도

Avocado

멕시코에서 온 과일 아보카도는 비타민과 미네랄이 많아요.
손으로 쥐었을 때 푹 들어가는 것은 너무 많이 익은 것입니다.
하지만 수세미 아보카도는 그럴 걱정 없이 꽉 쥐어도 괜찮아요!

- **난이도** ★★
- **크기(가로×세로)** 10×12㎝
- **재료** 코바늘 6호, 돗바늘
  웰빙수세미: 4, 46, 72
- **뜨개법** 빼뜨기, 사슬뜨기, 짧은뜨기, 긴뜨기, 한길긴뜨기, 한길 긴 2코 늘리기, 한길 긴 3코 늘리기, 한길 긴 2코 줄이기, 두길긴뜨기
- **색상 변경 위치** 3, 6단
- **수세미 고리 위치** 6단 빼뜨기 후 작업

아보카도

1

원형뜨기로 시작합니다.

2

5~6단 작업합니다.

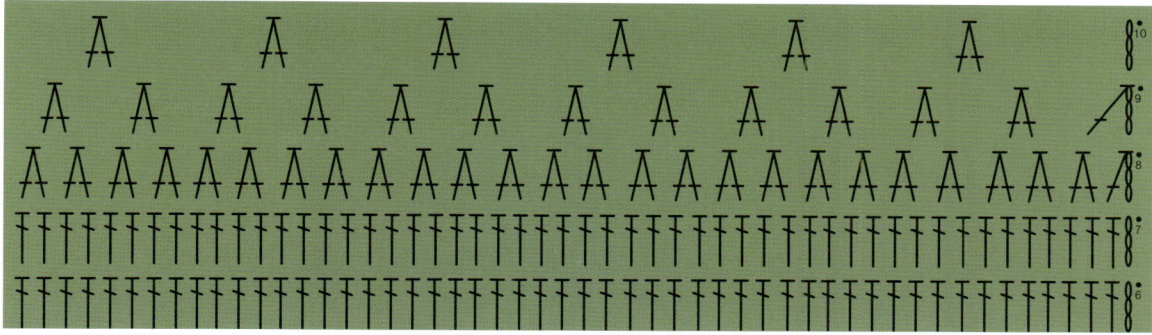

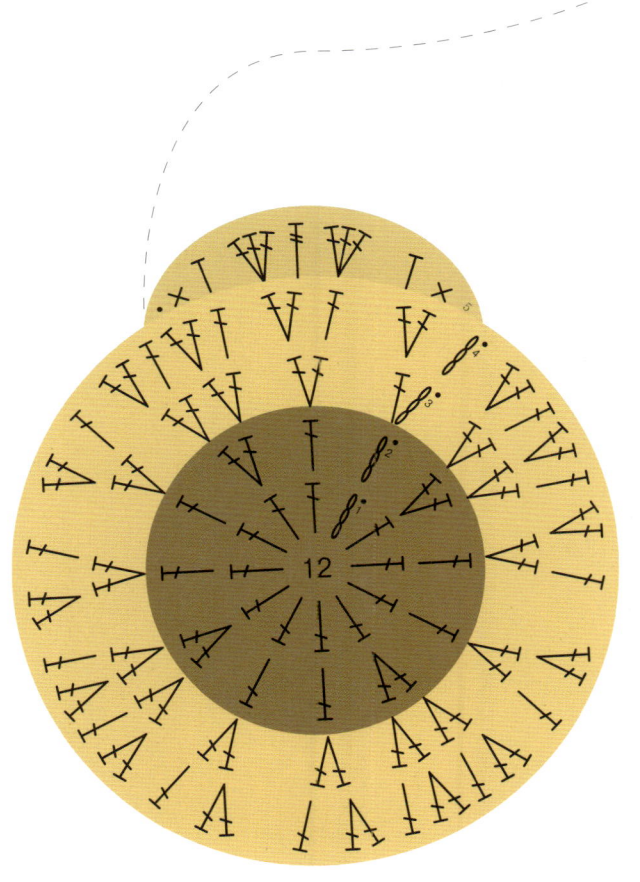

아보카도(사진 2)

QR코드를 찍어 만드는
과정을 확인해 보세요!

표고버섯

Shiitake mushroom

향과 맛이 뛰어난 버섯인 표고는 가루로 말려서도 사용해요.
고기와 식감이 비슷해서 채식주의자들도 많이 먹는답니다.
수세미 뜨는 것도 그리 어렵지 않아서 TV 보면서도 만들 수 있어요.

- **난이도** ★★
- **크기(가로×세로)** 11×11㎝
- **재료** 코바늘 6호, 돗바늘
  웰빙수세미: 24, 95

- **뜨개법** 빼뜨기, 사슬뜨기, 한길긴뜨기, 한길 긴
  2코 늘리기, 한길 긴 2코 줄이기
- **색상 변경 위치** 7단
- **수세미 고리 위치** 12단

표고버섯

원형뜨기로 시작합니다.

5단 작업 후 코바늘로 무늬를 만듭니다.

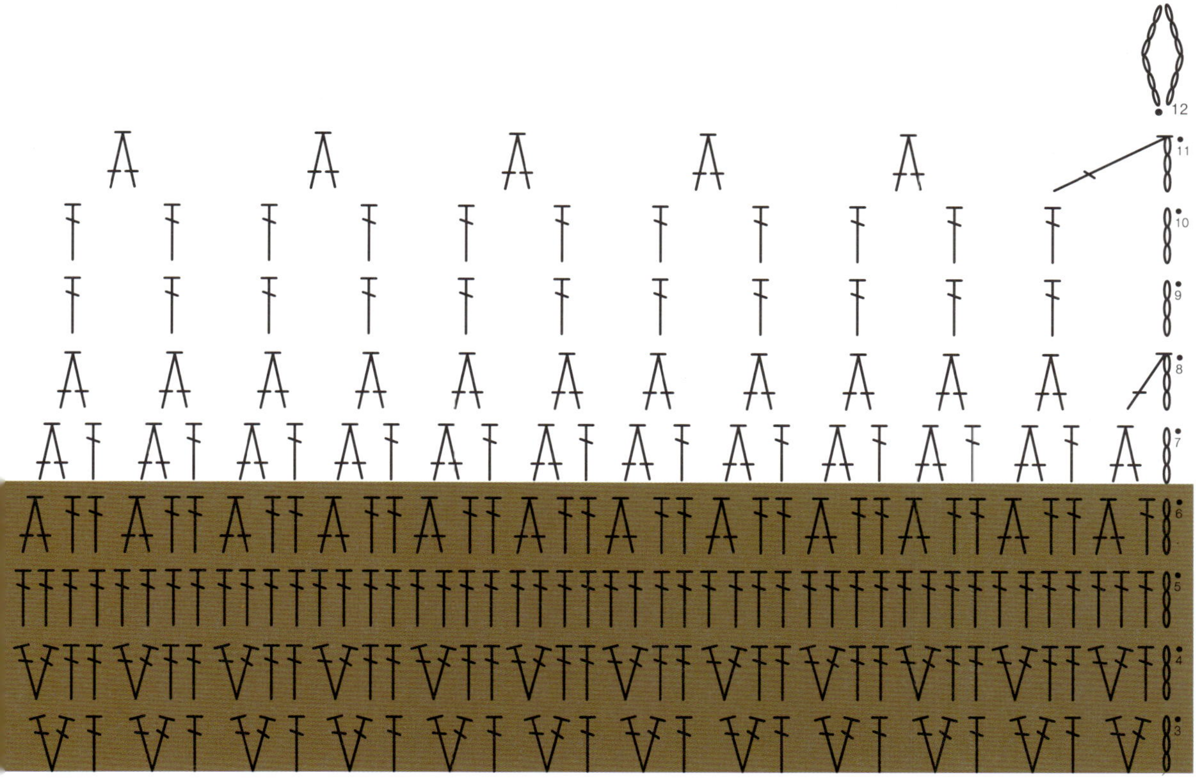

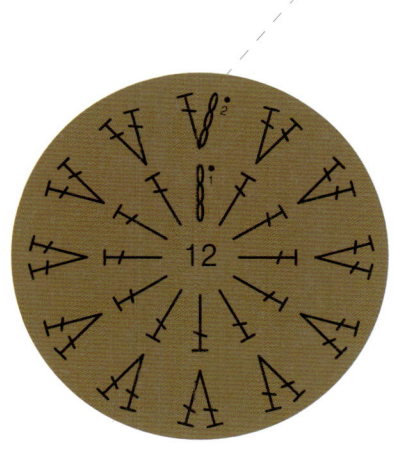

표고버섯(사진 2)

QR코드를 찍어 만드는
과정을 확인해 보세요!

밤

Chestnut

가시로 뒤덮인 송이 안에 빼꼼히 숨어 있는 밤송이.
춥고 긴 겨울밤, 아랫목에 앉아 삶은 밤을 까먹는 재미가 쏠쏠했지요.
하지만 탄수화물이 많아 다이어트 시에는 조금만 먹는게 좋아요.

- **난이도** ★★
- **크기(가로×세로)** 10×10㎝
- **재료** 코바늘 6호, 돗바늘
  웰빙수세미: 62, 72
- **뜨개법** 빼뜨기, 사슬뜨기, 한길긴뜨기, 한길 긴 2코 늘리기, 한길 긴 2코 줄이기
- **색상 변경 위치** 4단
- **수세미 고리 위치** 10단

밤

사슬뜨기로 시작합니다.

한길긴뜨기로 1단을 작업합니다.

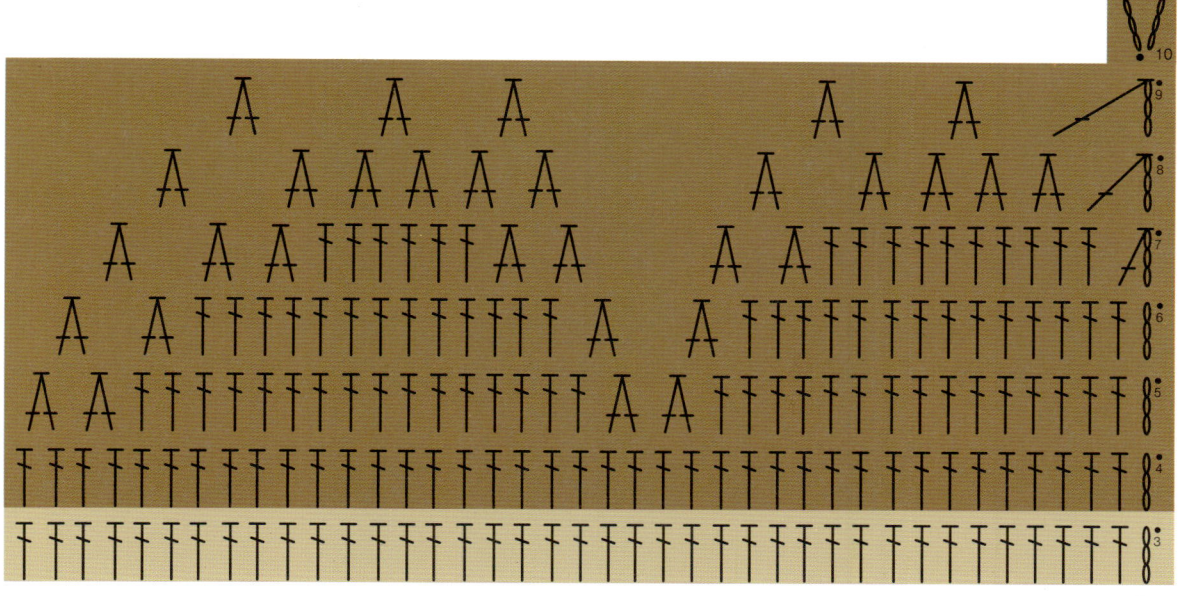

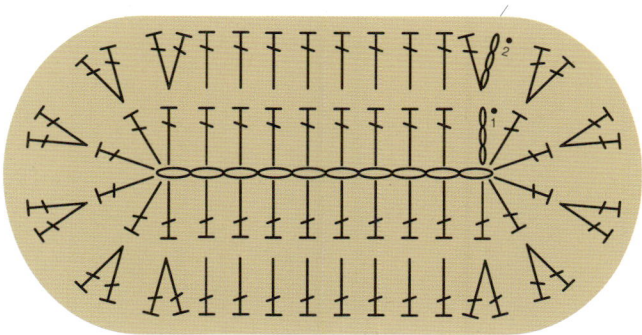

밤(사진 2)

QR코드를 찍어 만드는
과정을 확인해 보세요!

25

대파

Green onion

매운맛과 단맛의 조화가 매력적이죠!
국, 탕, 찌개는 물론이고 볶음, 조림, 구이 등 활용도가 높아요.
우리 집 싱크대에도 대파 하나 키워 보아요.

- **난이도** ★★★
- **크기(가로×세로)** 7×12㎝
- **재료** 코바늘 6호, 돗바늘
  웰빙수세미: 1, 4, 71, 76

- **뜨개법** 빼뜨기, 사슬뜨기, 한길긴뜨기, 한길 긴 2코 늘리기, 한길 긴 2코 줄이기
- **색상 변경 위치** 6, 8단
- **수세미 고리 위치** 8단 빼뜨기 후 작업

How to Make

대파

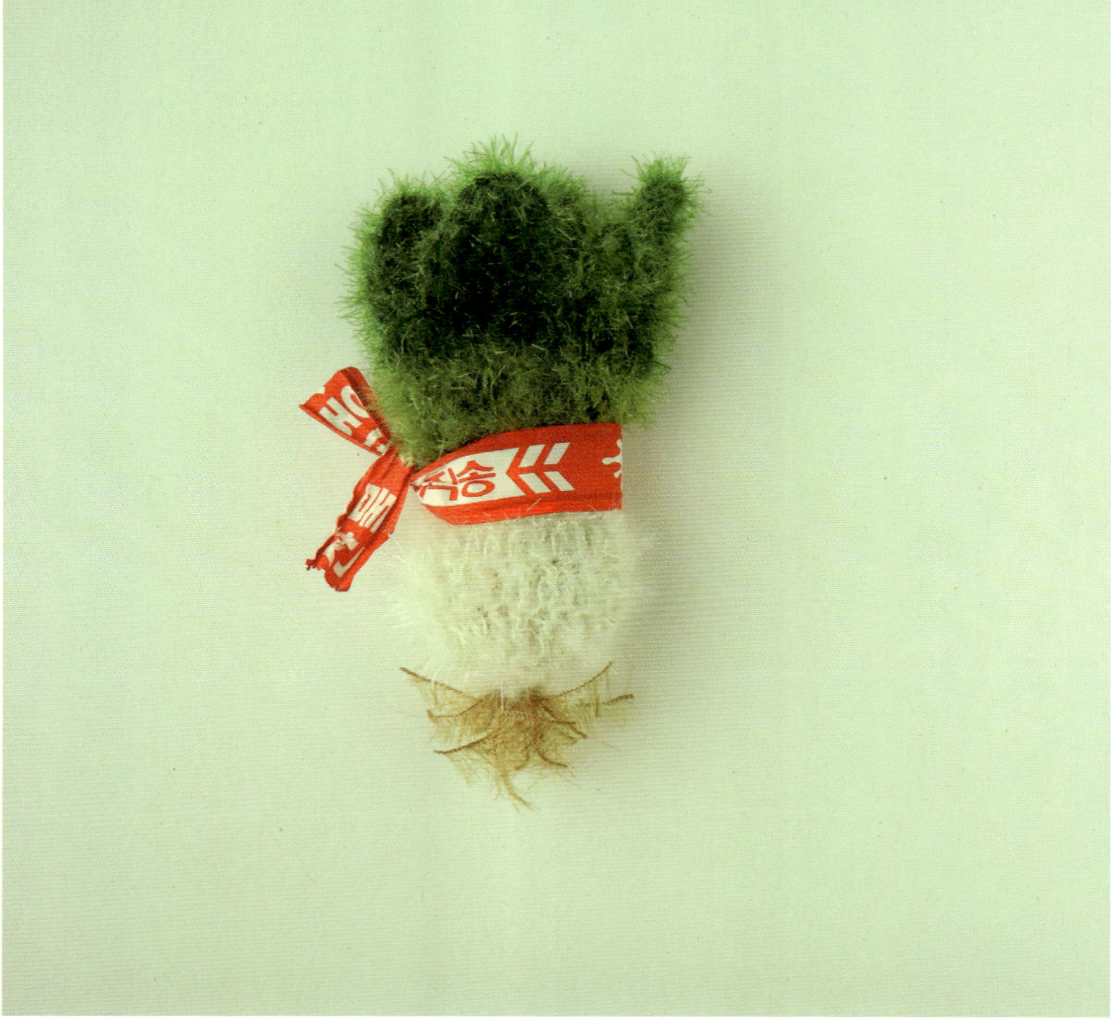

1

원형뜨기로 시작합니다.

2

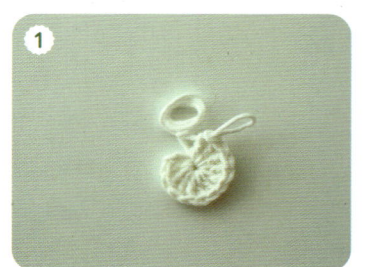

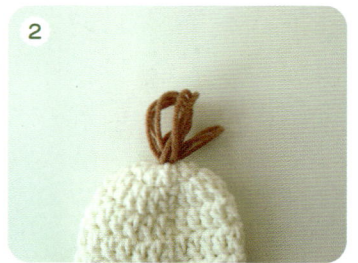

3단까지 작업하고 뿌리를 표현합니다.
tip 뿌리를 표현하는 방법은 116쪽 양파 작품을 참고해 주세요.

3

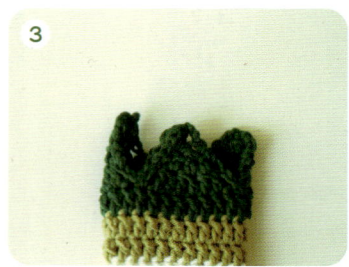

9~11단을 작업합니다.

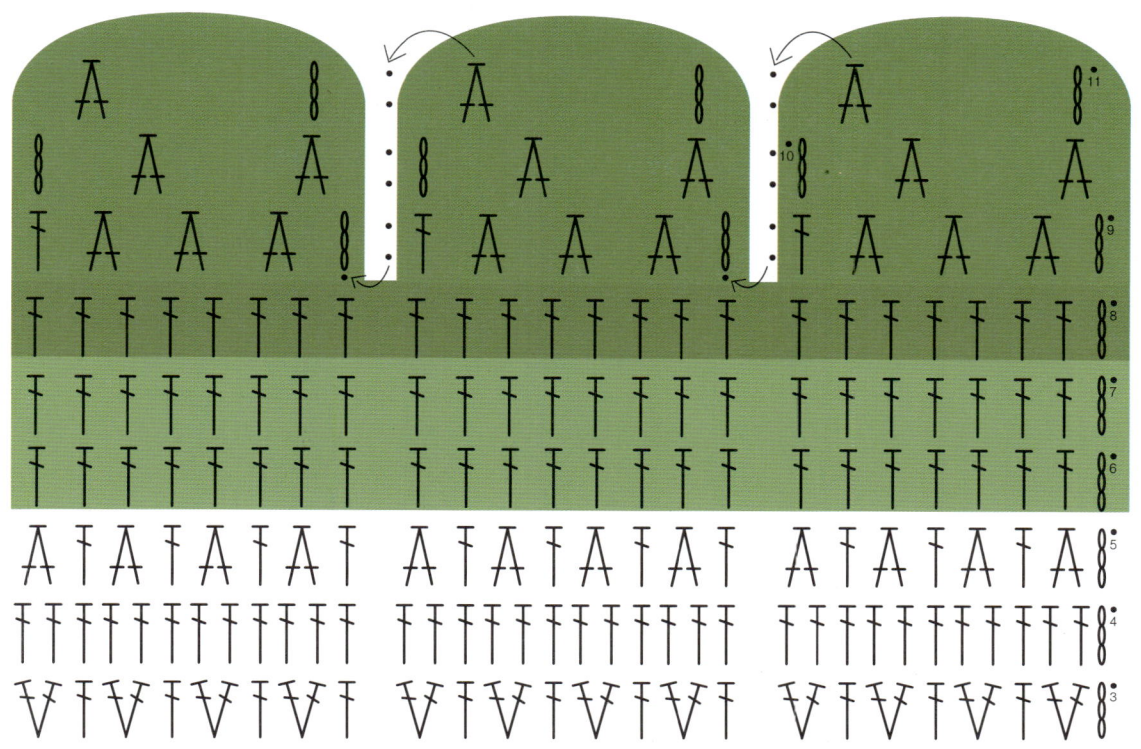

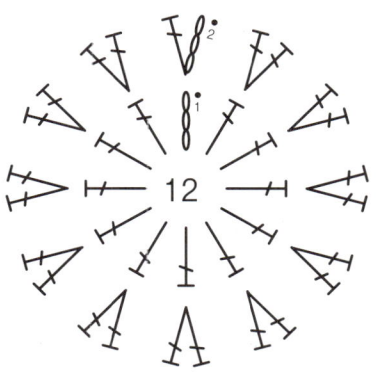

대파(사진3)

QR코드를 찍어 만드는
과정을 확인해 보세요!

호박

Pumpkin

콜레스테롤을 배출하는 베타카로틴이 풍부한 늙은 호박!
껍질이 두꺼운 늙은 호박을 손질할 때에는 많은 힘이 필요해요.
하지만 수세미는 그럴 염려 없이 편하게 쓸 수 있지요.

- **난이도** ★★★
- **크기(가로×세로)** 10×10㎝
- **재료** 코바늘 6호, 돗바늘
  웰빙수세미: 4, 68

- **뜨개법** 빼뜨기, 사슬뜨기, 한길긴뜨기, 한길 긴
  2코 늘리기, 한길 긴 2코 줄이기, 한길 긴
  앞걸어뜨기, 한길 긴 두 걸어뜨기
- **색상 변경 위치** 10단
- **수세미 고리 위치** 12단

How to Make

호박

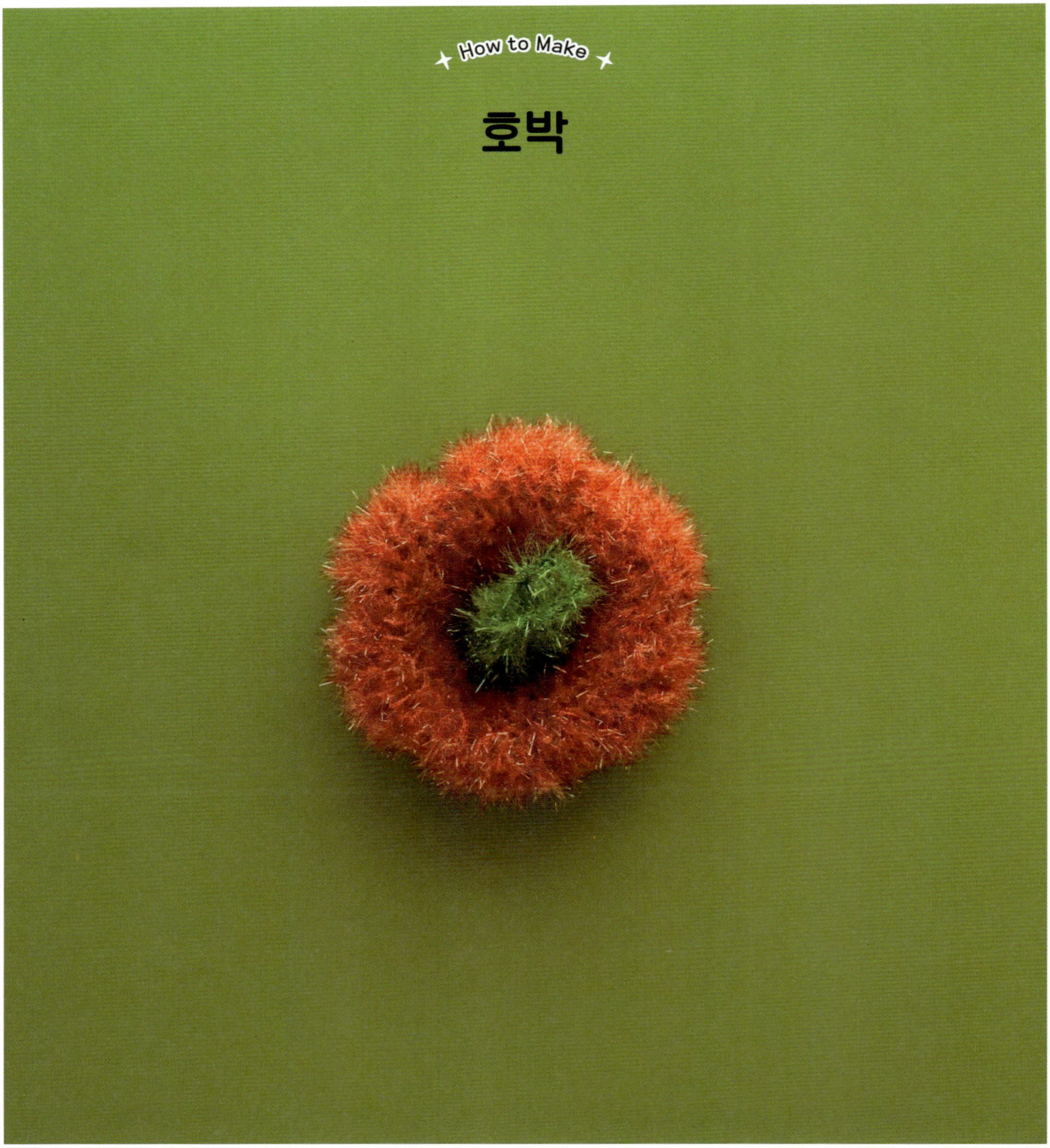

1

원형뜨기로 시작합니다.

2

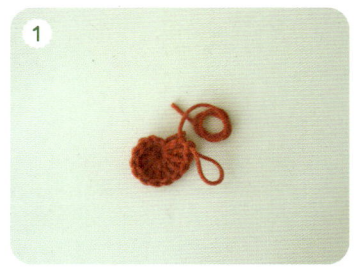

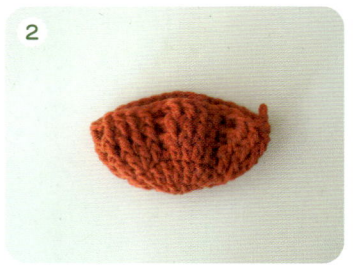

4~7단은 한길 긴 앞걸어뜨기 4코, 한길 긴 뒤걸어뜨기 2코를 반복합니다.

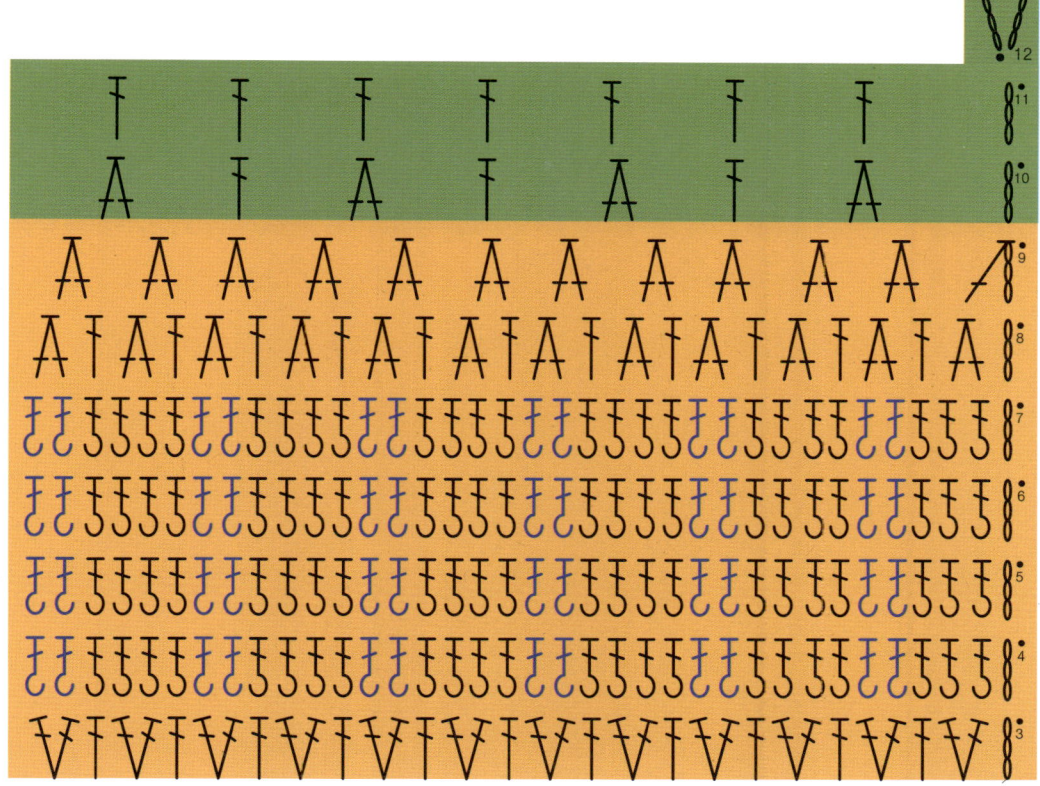

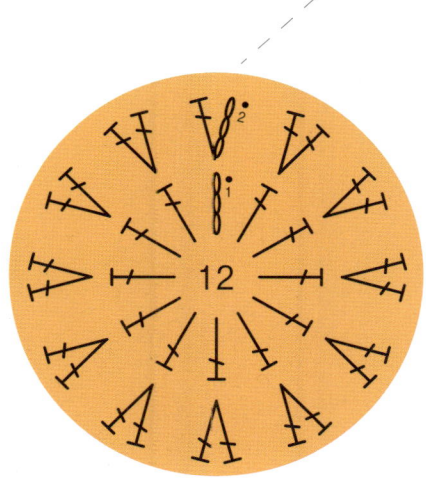

호박(사진 2)

QR코드를 찍어 만드는
과정을 확인해 보세요!

배추

Cabbage

배추는 우리가 1년 내내 만나는 채소죠.
수세미로 배춧잎을 넓게 뜬 다음, 끈으로 묶어서 사용해 보세요.
세제 거품이 풍부하게 일어나서 설거지할 때 도움이 된답니다!

- **난이도** ★★★
- **크기(가로×세로)** 10×14㎝
- **재료** 코바늘 6호, 돗바늘
  웰빙수세미: 1, 4

- **뜨개법** 빼뜨기, 사슬뜨기, 한길긴뜨기, 한길 긴
  2코 늘리기, 한길 긴 2코 줄이기
- **색상 변경 위치** 3, 4단
- **수세미 고리 위치** 3단 빼뜨기 후 작업

How to Make

배추

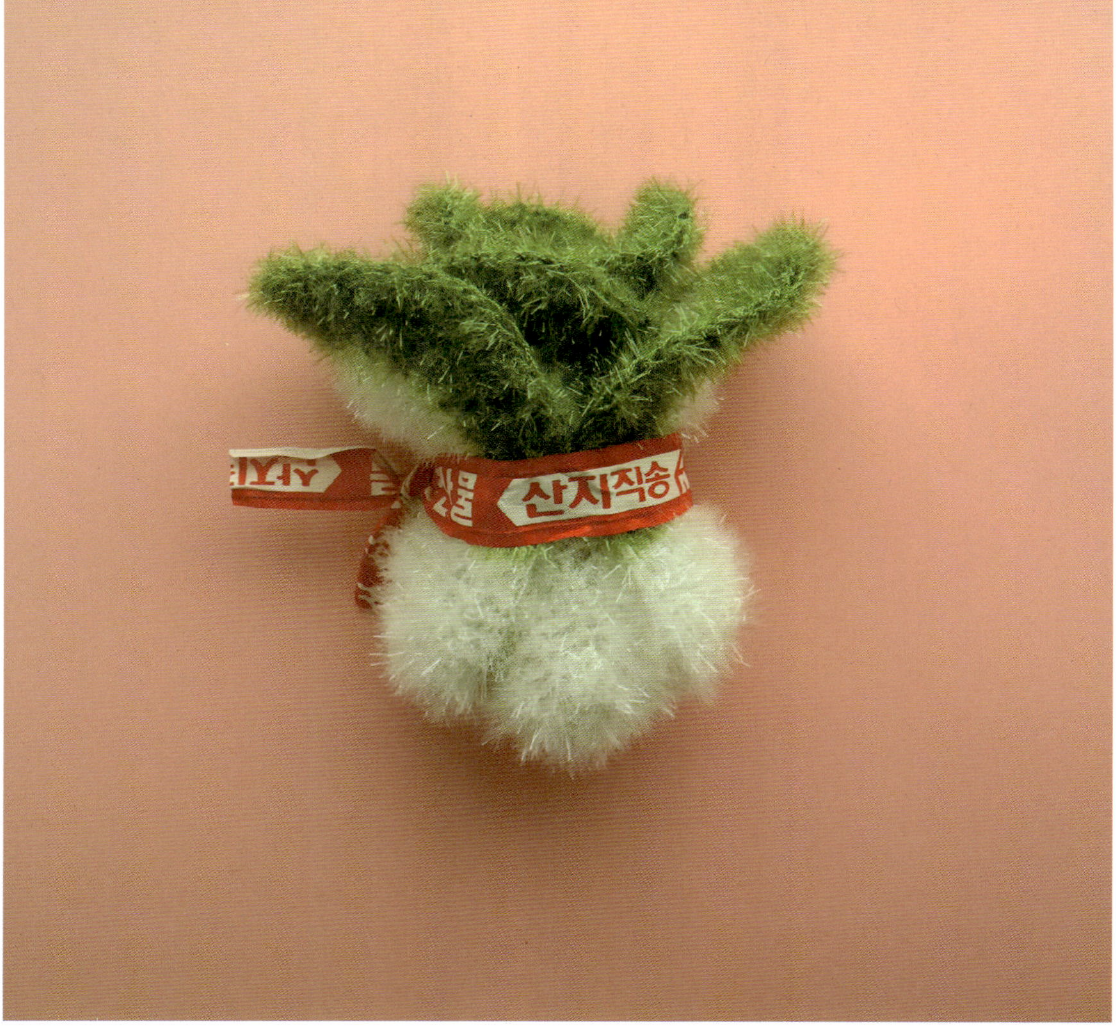

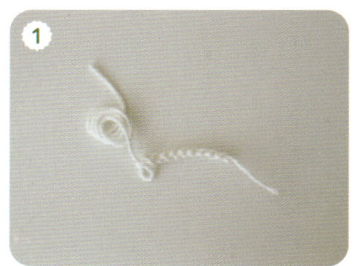

사슬뜨기 10코로 시작합니다.

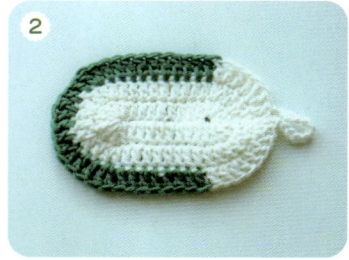

3단에서 흰색, 초록색을 번갈아 가며 뜹니다.

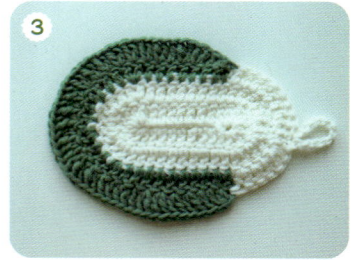

3단의 남은 초록색 실로 뒤집어서 4단을 작업합니다.

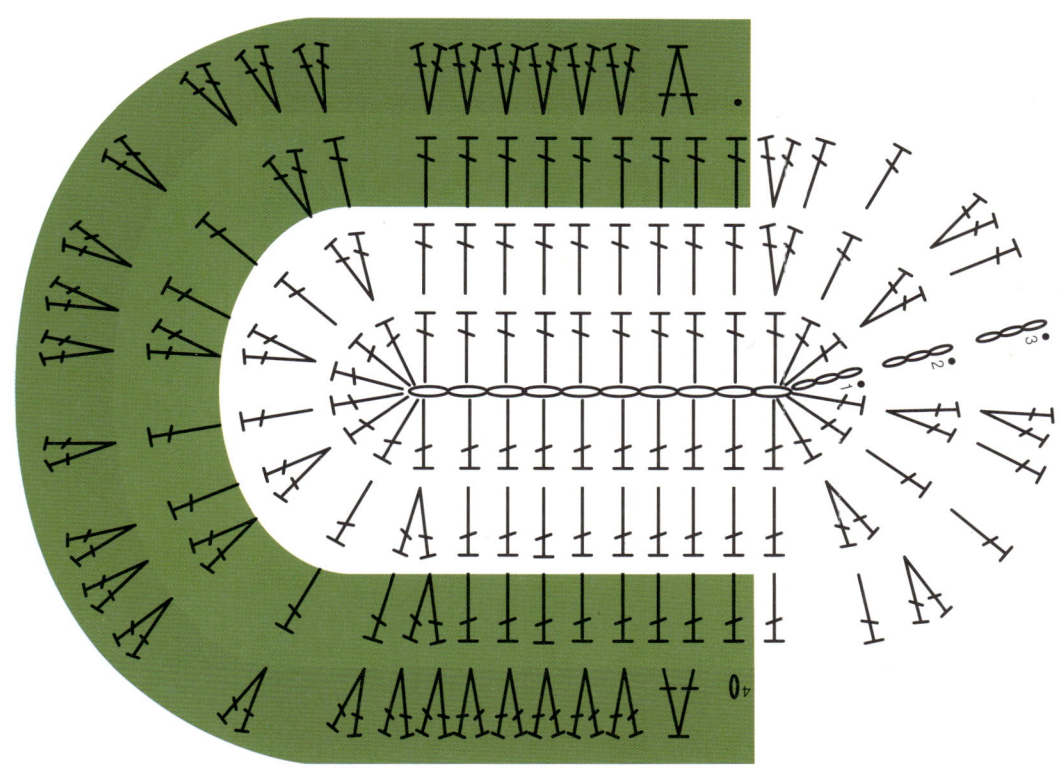

배추(전체 설명)

QR코드를 찍어 만드는
과정을 확인해 보세요!

PART 4

디저트 수세미

DESSERT

형형색색의 달콤한 디저트 모양의 수세미는
지친 하루에 생기와 행복을 불어넣어 줄 수 있어요.

28

마카롱

Macaron

프랑스 디저트인 마카롱이 한국에서 뚱카롱으로 발전했어요.
아몬드 가루, 달걀흰자, 설탕이 필요한 마카롱.
하지만 수세미는 실 하나면 금세 뚝딱 완성이네요.

- **난이도** ★
- **크기(가로×세로)** 9.5×9.5㎝
- **재료** 코바늘 6호, 돗바늘
  웰빙수세미: 1, 43
- **뜨개법** 빼뜨기, 사슬뜨기, 한길긴뜨기, 한길 긴
  2코 늘리기, 한길 긴 2코 줄이기
- **색상 변경 위치** 6, 7단
- **수세미 고리 위치** 6단 빼뜨기 후 작업

마카롱

1

원형뜨기로 시작합니다.

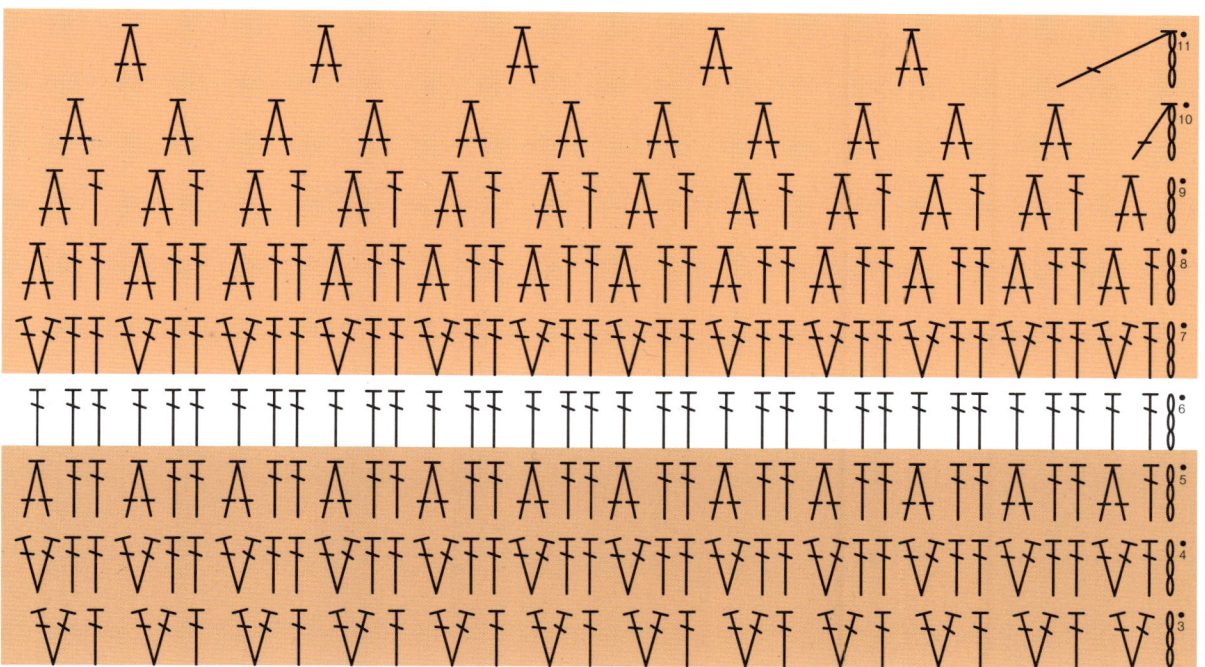

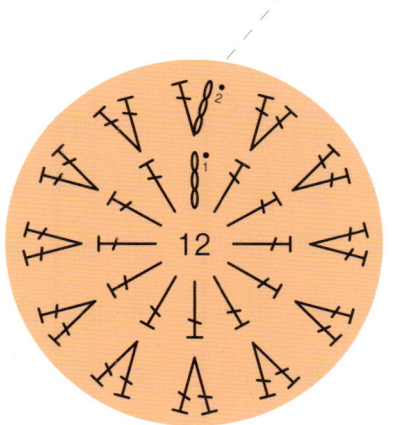

29

아이스크림

Ice cream

뜨거운 햇볕이 내리쬘 때에는 달콤한 아이스크림이 최고!
수세미로 아이스크림을 한 번 떠보세요.
맨 위에 고리까지 만들면 세척 후 건조까지 한 번에 OK입니다.

- 난이도 ★
- 크기(가로×세로) 9×15㎝
- 재료 코바늘 6호, 돗바늘
  웰빙수세미: 43, 70

- 뜨개법 빼뜨기, 사슬뜨기, 한길 긴뜨기, 한길 긴 2코 늘리기, 한길 긴 2코 줄이기
- 색상 변경 위치 6단
- 수세미 고리 위치 14단

아이스크림

1

원형뜨기로 시작합니다.

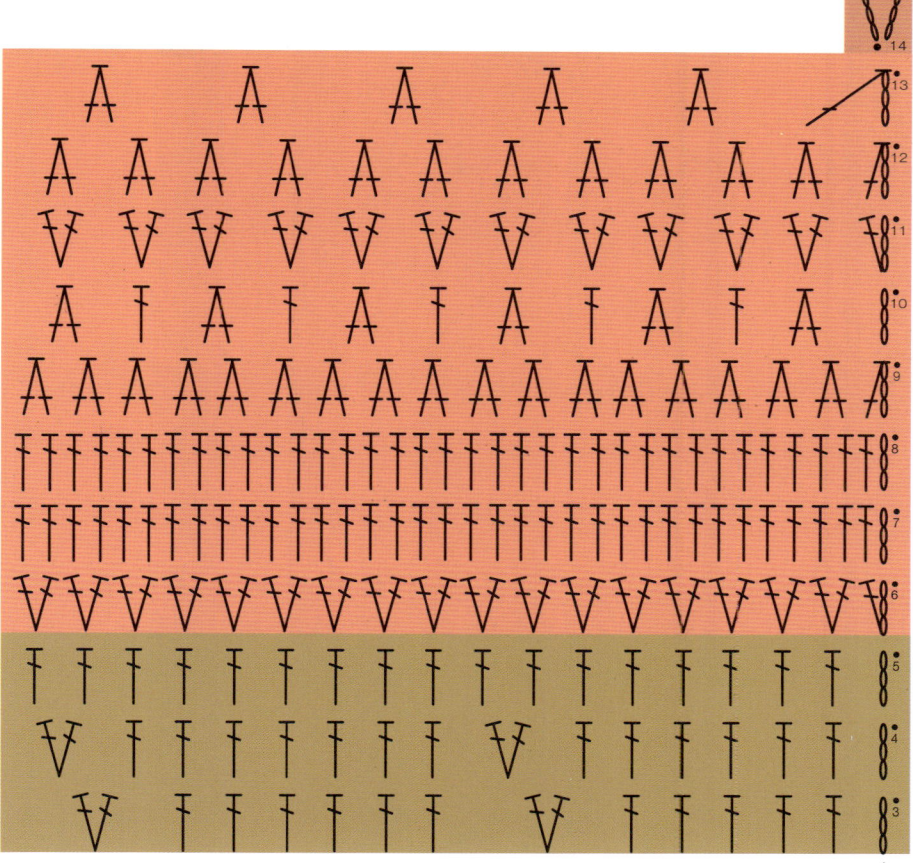

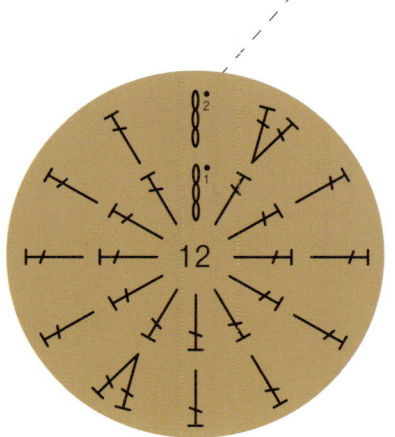

팬케이크

Pancake

버터 한 조각으로 완성하는 팬케이크.
휴일 아침, 따뜻한 커피와 함께 먹으면 정말 끝내주죠.
수세미로 만든 팬케이크는 버터가 손잡이 역할을 해 줘요!

- 난이도 ★
- 크기(가로×세로) 10×10㎝
- 재료 코바늘 6호, 돗바늘
  웰빙수세미: 24, 46, 70

- 뜨개법 빼뜨기, 사슬뜨기, 한길긴뜨기, 한길긴뜨기(이랑뜨기), 한길 긴 2코 늘리기, 한길 긴 2코 줄이기, 한길 긴 2코 줄이기(이랑뜨기)
- 색상 변경 위치 3, 6, 7단
- 수세미 고리 위치 5단 빼뜨기 후 작업

팬케이크

원형뜨기로 시작합니다.

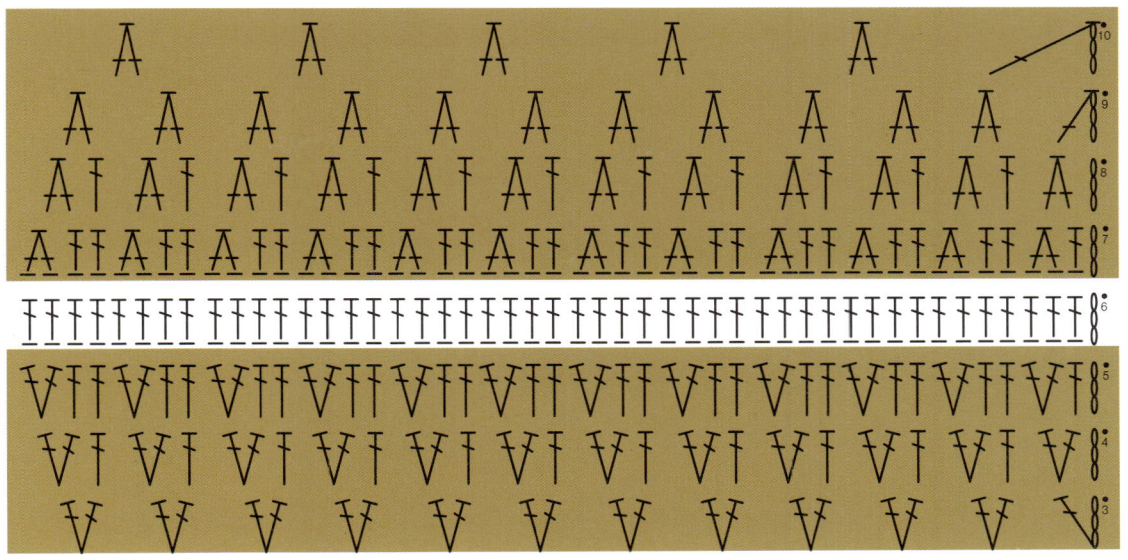

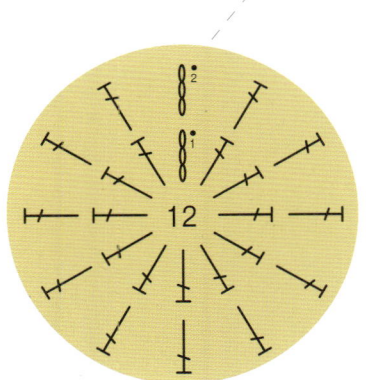

컵케이크

Cupcake

달콤한 맛이 일품인 생크림 컵케이크!
컵케이크는 마음을 전하기에도 부담 없는 선물이지요.
체리 한 알 올라간 컵케이크 수세미로 마음을 전해 보세요.

- 난이도 ★
- 크기(가로×세로) 10×12㎝
- 재료 코바늘 6호, 돗바늘
    웰빙수세미: 1, 4, 8, 56

- 뜨개법 빼뜨기, 사슬뜨기 , 한길긴뜨기, 한길 긴
    2코 늘리기, 한길 긴 2코 줄이기
- 색상 변경 위치 5, 11, 13단
- 수세미 고리 위치 13단

컵케이크

1

원형뜨기로 시작합니다.

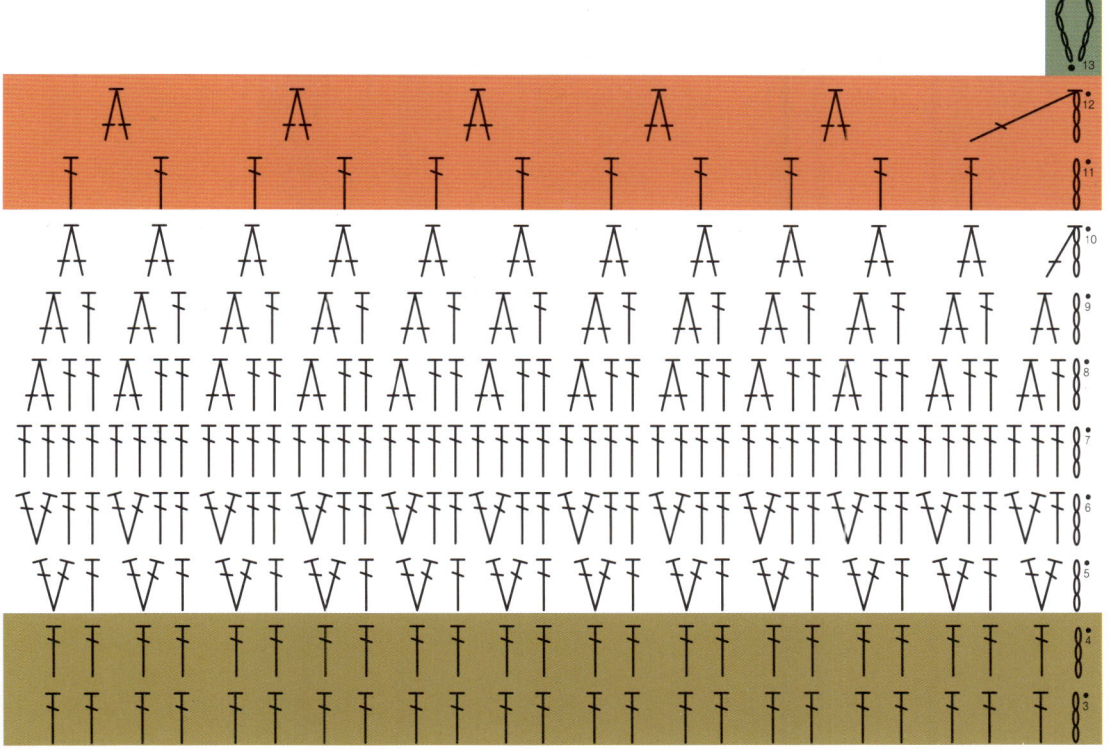

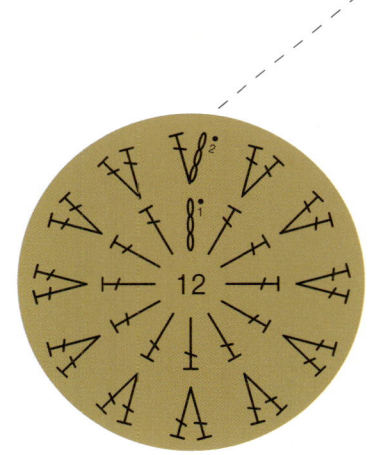

샌드위치 / 양상추

Sandwich / Lettuce

샐러드로 많이 먹는 양상추는 진통 효과도 뛰어나답니다.
아삭아삭하고 청량한 식감이 전해지네요.
수세미도 풍성하게 떠보세요. 설거지가 쉬워집니다!

- **난이도** ★
- **크기(가로×세로)** 11×11㎝
- **재료** 코바늘 6호, 돗바늘
  웰빙수세미: 4

- **뜨개법** 빼뜨기, 사슬뜨기, 한길긴뜨기, 한길 긴 2코 늘리기, 한길 긴 2코 줄이기
- **수세미 고리 위치** 5단

샌드위치 / 양상추

1

원형뜨기로 시작합니다.

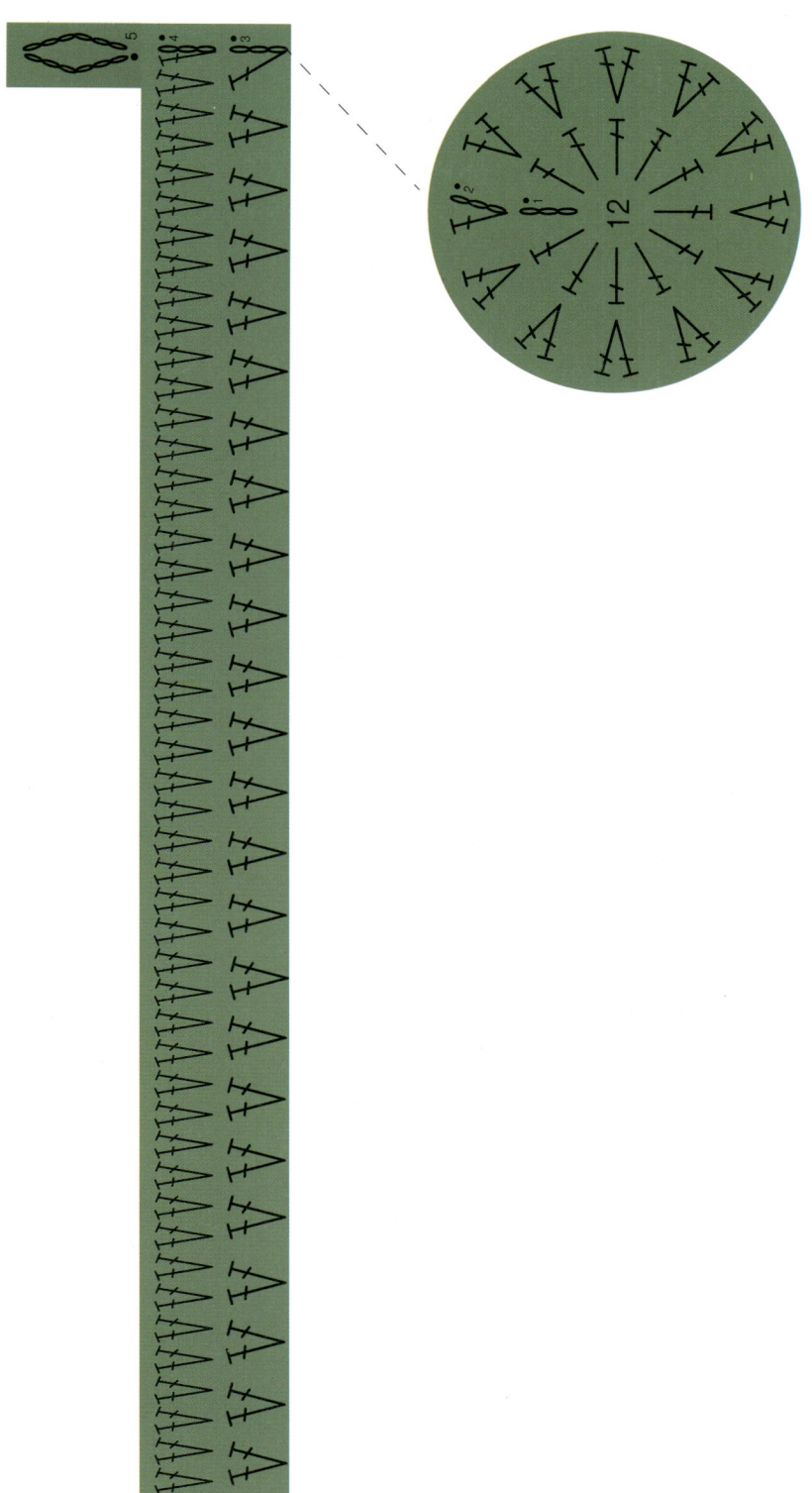

샌드위치 / 계란프라이

Sandwich / Fried eggs

영양을 고루 갖춘 완전식품인 달걀!
우리 식탁에서 빠질 수 없는 달걀은 다양하게 요리할 수 있지요.
수세미 만드는 것도 어렵지 않으니 초보자도 쉽게 뜰 수 있어요.

- **난이도** ★
- **크기(가로×세로)** 10.5×10.5㎝
- **재료** 코바늘 6호, 돗바늘
  웰빙수세미: 1, 18

- **뜨개법** 빼뜨기, 사슬뜨기, 한길긴뜨기, 한길 긴
  2코 늘리기, 한길 긴 2코 줄이기
- **색상 변경 위치** 3단
- **수세미 고리 위치** 6단 빼뜨기 후 작업

샌드위치 / 계란프라이

1

원형뜨기로 시작합니다.

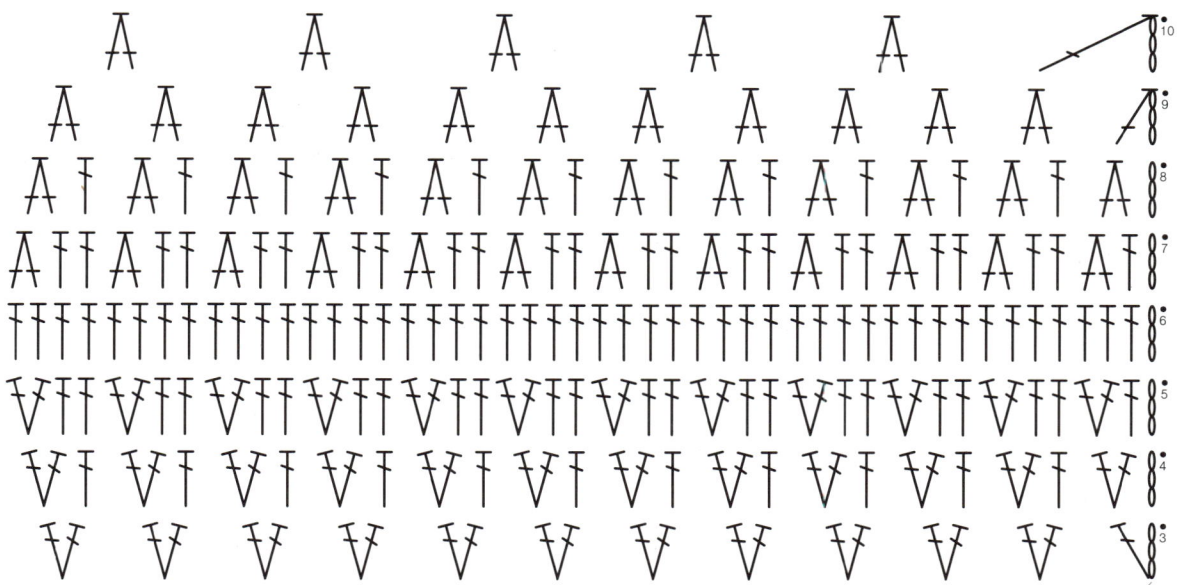

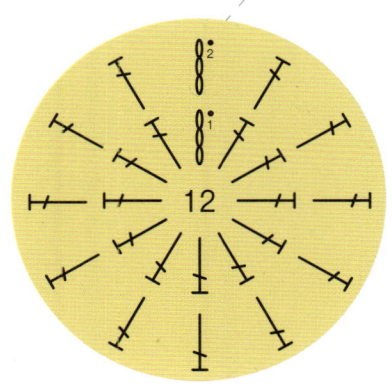

샌드위치 / 치즈

Sandwich / Cheese

우유 속 카세인을 응고·발표시킨 치즈는 다양한 모양을 가지고 있어요.
네모난 노란색 치즈는 맛과 향을 첨가한 가공 치즈랍니다.
하지만 수세미는 가공할 필요가 없으니 쉽고 재미있게 떠보세요!

- 난이도 ★
- 크기(가로×세로) 9×9㎝
- 재료 코바늘 6호, 돗바늘
  웰빙수세미: 18

- 뜨개법 빼뜨기, 사슬뜨기, 한길긴뜨기
- 수세미 고리 위치 10단

샌드위치 / 치즈

사슬뜨기로 시작합니다.

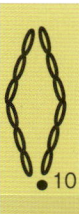

●10

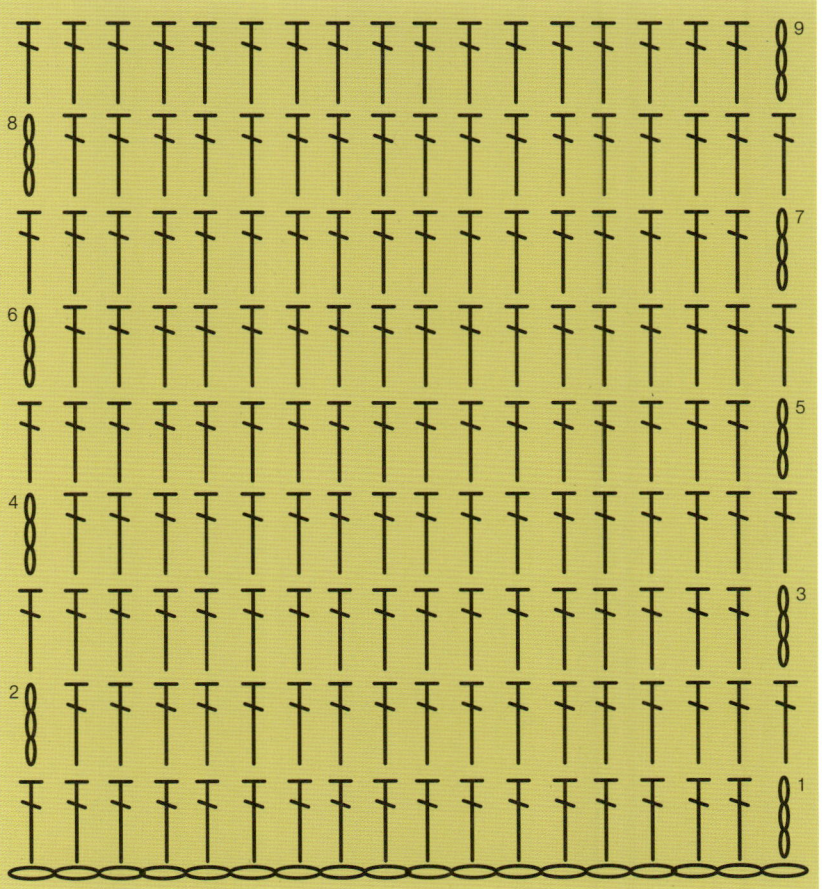

치즈(전체 설명)

QR코드를 찍어 만드는
과정을 확인해 보세요!

샌드위치 / 식빵

Sandwich / a plain Bread

식사용으로 많이 먹는 식빵은 버리는 것 없이 활용도가 높아요.
수세미 식빵은 윗부분 만드는 것만 유의하면 금방 뜰 수 있어요.
여러 개를 만들어서 봉투에 넣어 선물해주세요.

- **난이도** ★★
- **크기(가로×세로)** 8×11㎝
- **재료** 코바늘 6호, 돗바늘
  웰빙수세미: 24, 71

- **뜨개법** 빼뜨기, 사슬뜨기, 한길긴뜨기, 한길
  긴 2코 늘리기, 한길 긴 2코 줄이기
- **색상 변경 위치** 10단
- **수세미 고리 위치** 10단 빼뜨기 후 작업

How to Make

샌드위치 / 식빵

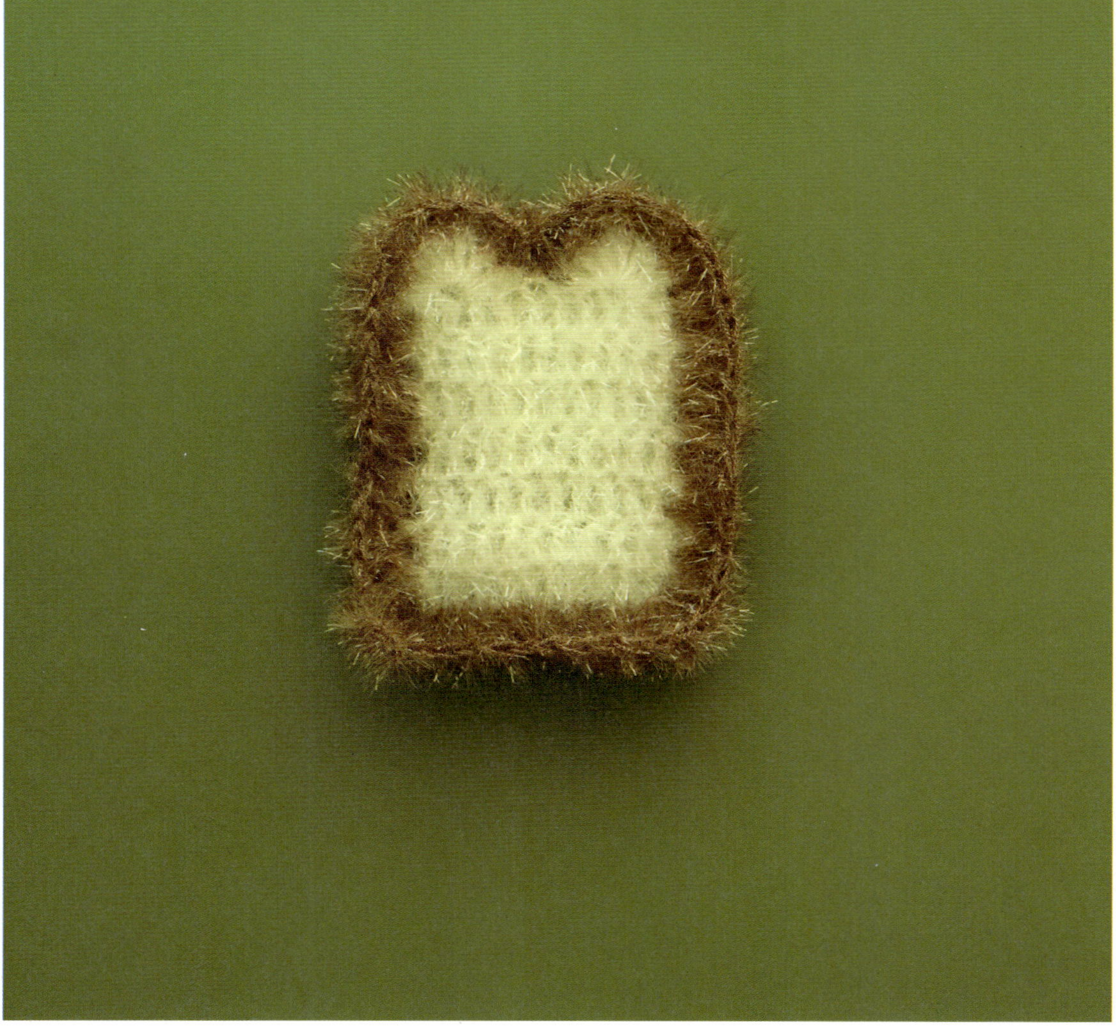

1 사슬뜨기로 시작합니다.

2 흰색을 2장 만들어 주세요.

3 2장을 겹치고 10단을 작업합니다.

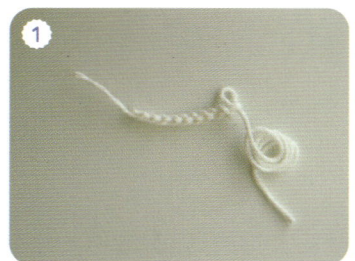

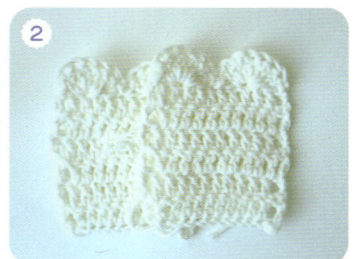

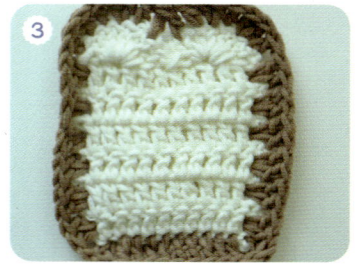

식빵(전체 설명)

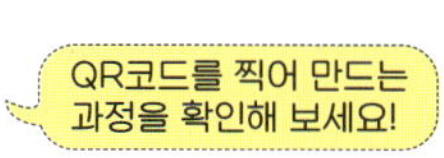

QR코드를 찍어 만드는
과정을 확인해 보세요!

붕어빵

Fish-shaped bun

추운 겨울을 따뜻하게 만들어 주는 우리의 겨울 간식!
눈을 다양한 모습으로 수놓으면 재미있는 얼굴을 만들 수 있어요.
종이로 포장 봉투를 만들어서 선물해 보세요.

- **난이도** ★★
- **크기(가로×세로)** 13×9㎝
- **재료** 코바늘 6호, 돗바늘
  웰빙수세미: 70
  아이돌실: 2

- **뜨개법** 빼뜨기, 사슬뜨기, 한길긴뜨기, 한길 긴
  2코 늘리기, 한길 긴 2코 줄이기
- **수세미 고리 위치** 12단

How to Make

붕어빵

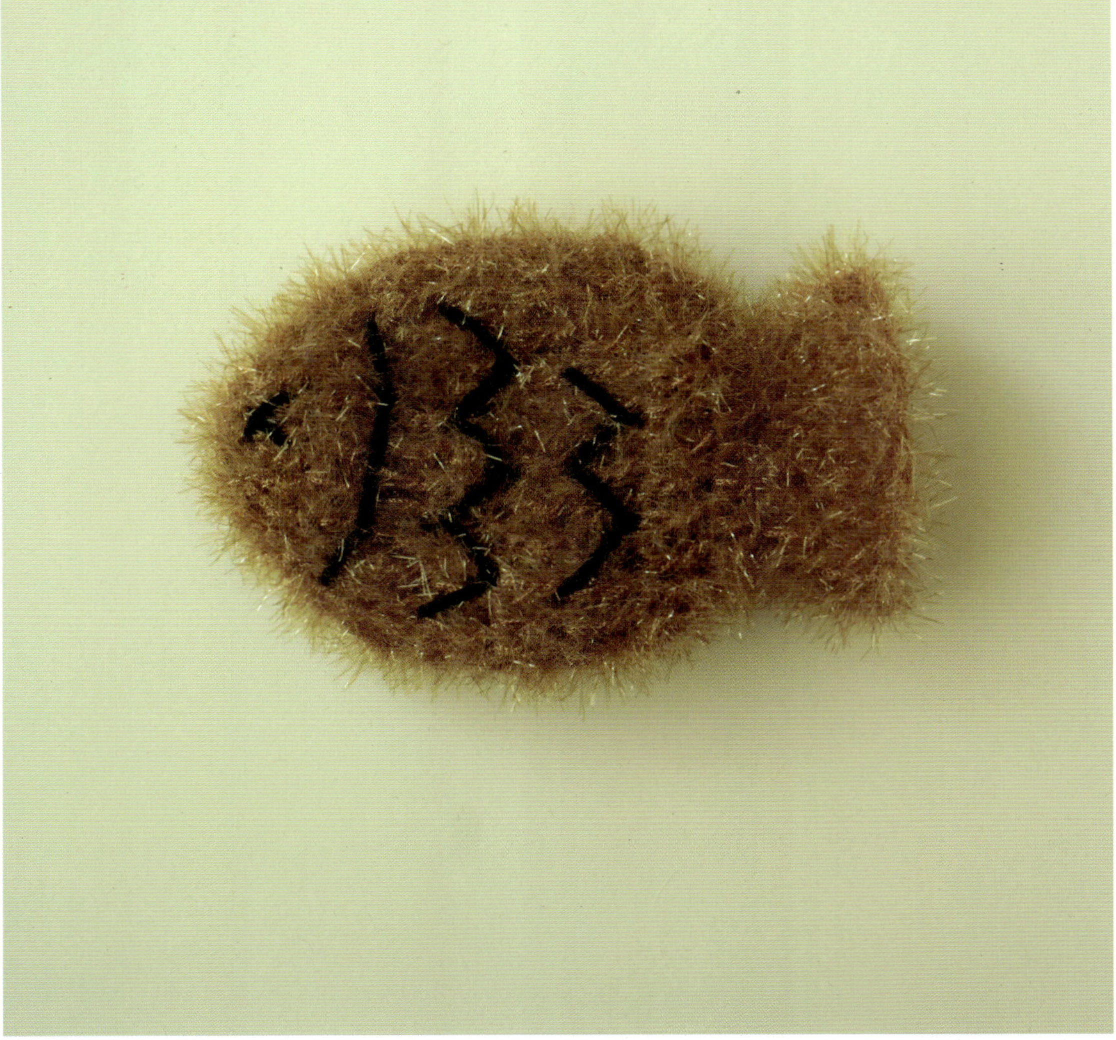

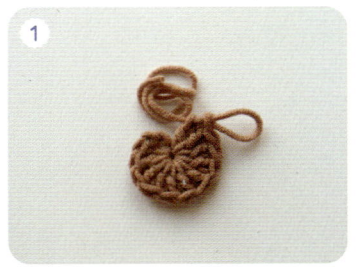

원형뜨기로 시작합니다.

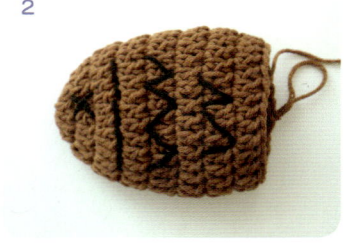

7단 작업 후 면사로 무늬를 수놓아 주세요. 스트레이트 스티치와 백 스티치를 사용합니다.

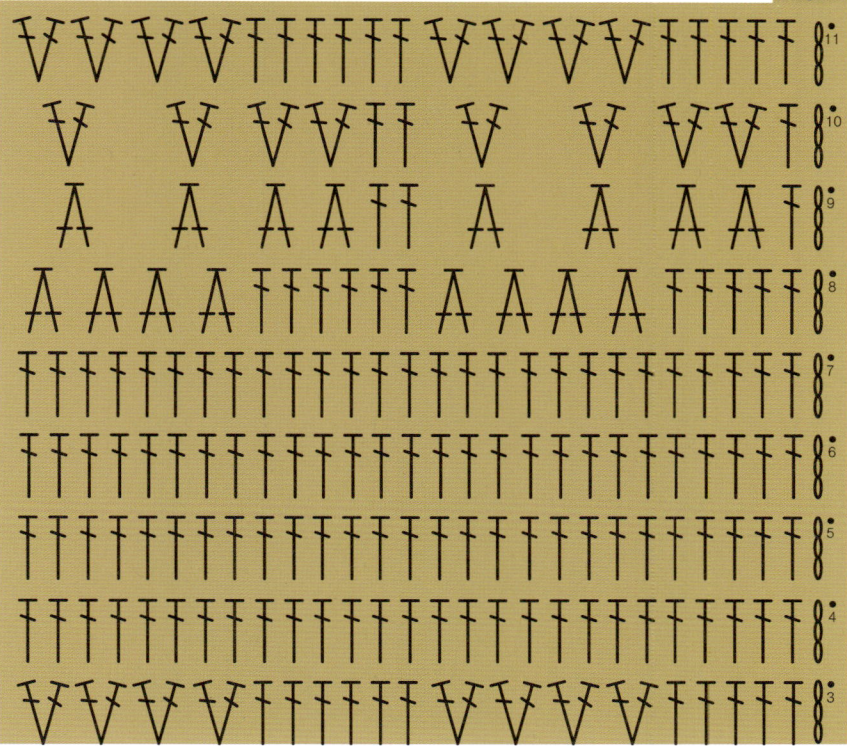

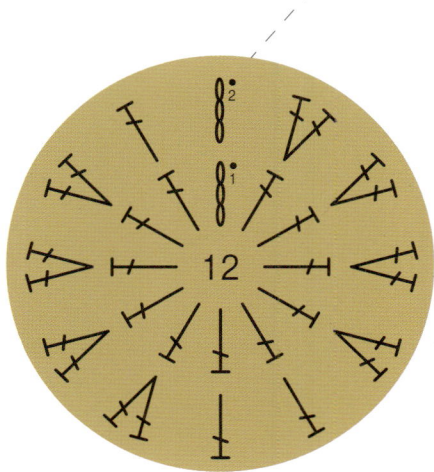

붕어빵(사진 2)

QR코드를 찍어 만드는 과정을 확인해 보세요!

핫도그

Hot dog

한국식 핫도그는 긴 막대기에 소시지를 꽂고
빨간색 케첩까지 뿌리면 간식으로 딱이랍니다.

- **난이도** ★★
- **크기(가로×세로)** 9×12㎝
- **재료** 코바늘 6호, 돗바늘, 시침핀
  웰빙수세미: 8, 24, 70
- **뜨개법** 빼뜨기, 사슬뜨기, 긴뜨기, 한길긴뜨기,
  한길 긴 2코 늘리기, 한길 긴 2코 줄이기
- **색상 변경 위치** 12단
- **수세미 고리 위치** 15단

How to Make

핫도그

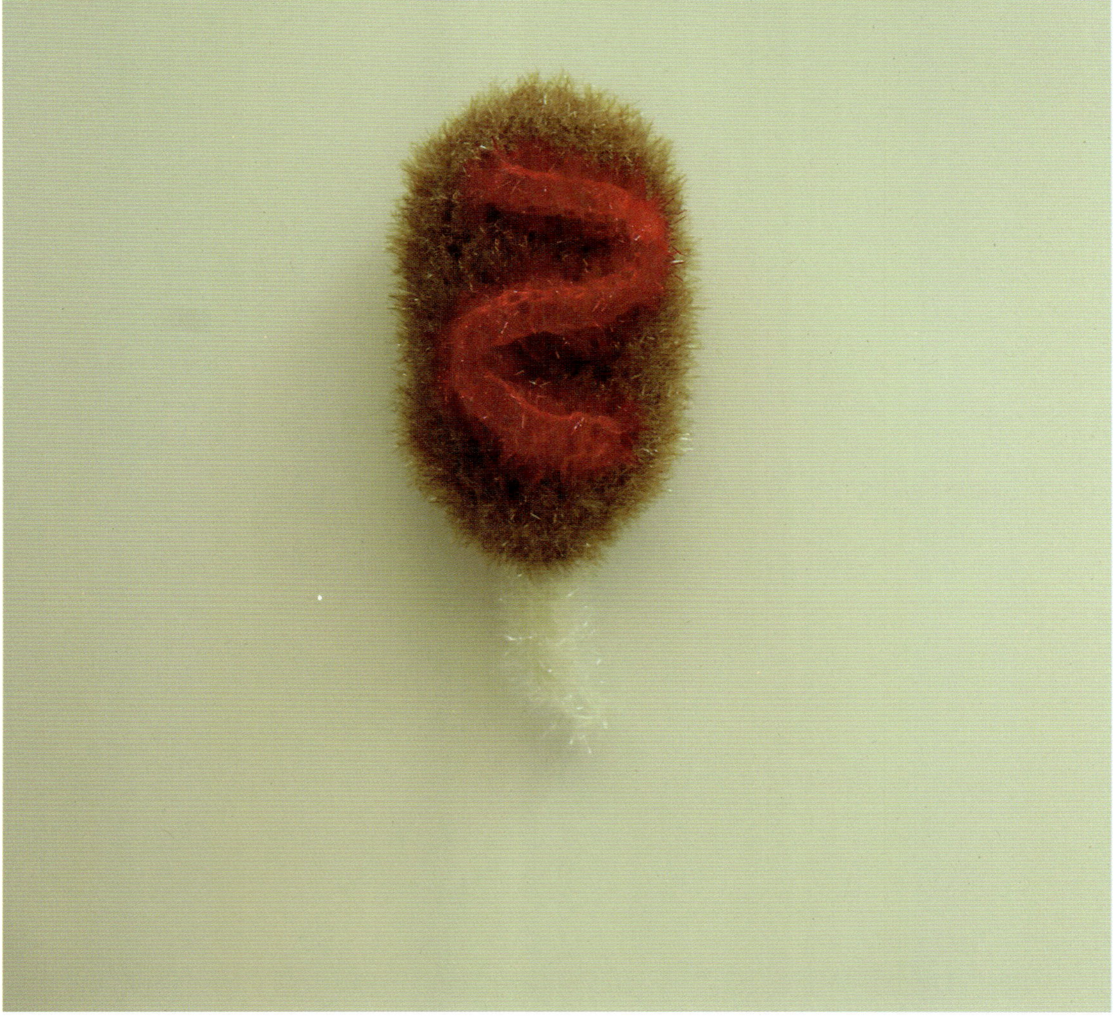

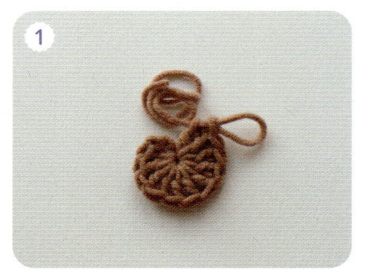

핫도그: 원형뜨기로 시작합니다.

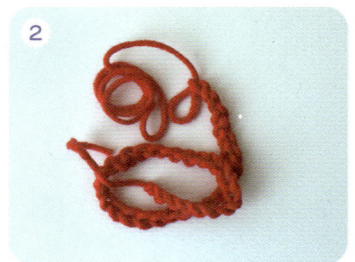

케첩: 사슬뜨기로 시작합니다.

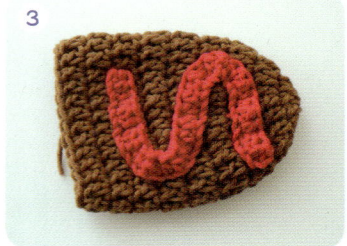

10단 작업 후 케첩을 고정해 주세요.

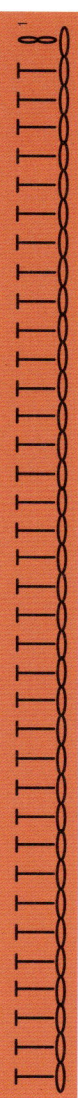

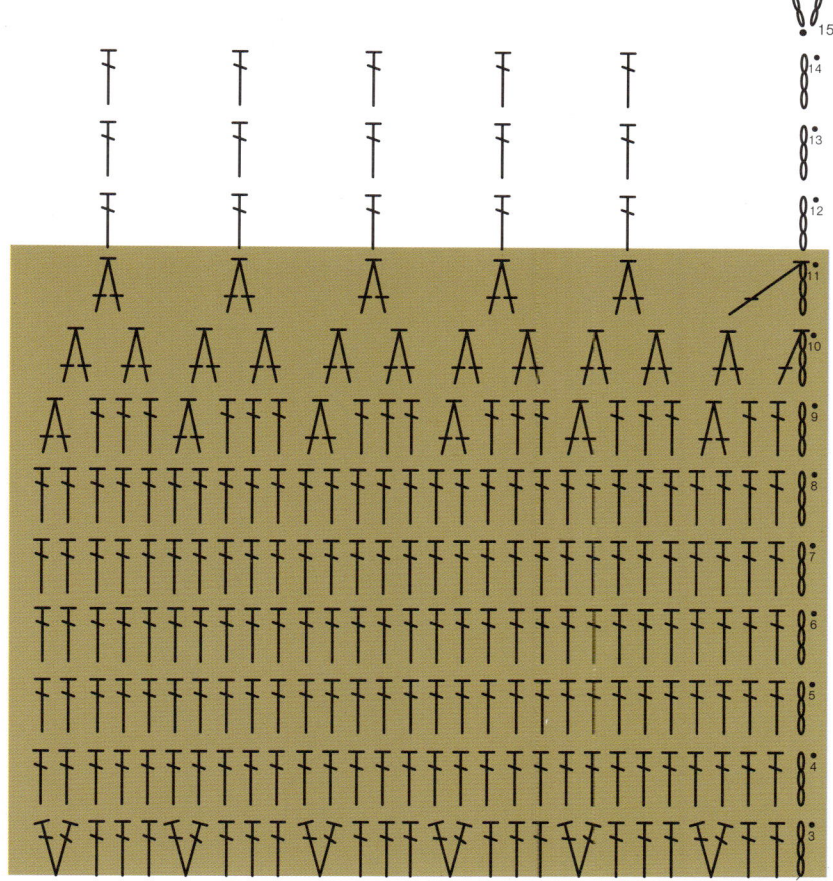

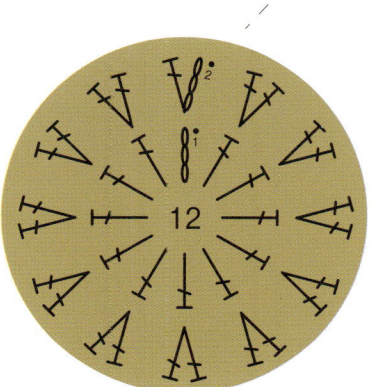

핫도그(사진 3)

QR코드를 찍어 만드는
과정을 확인해 보세요!

도넛

Donut

수세미로 만들 때에는 다양한 색을 활용해도 좋아요.
도넛에 스프링클을 수놓으면 포인트가 되어줍니다.

- **난이도** ★★
- **크기(가로×세로)** 11×11㎝
- **재료** 코바늘 6호, 돗바늘
  웰빙수세미: 43, 70
  아이돌실: 5, 9

- **뜨개법** 빼뜨기, 사슬뜨기, 한길긴뜨기, 한길 긴
  2코 늘리기, 한길 긴 2코 줄이기
- **색상 변경 위치** 5단
- **수세미 고리 위치** 5단 빼뜨기 후 작업

How to Make

도넛

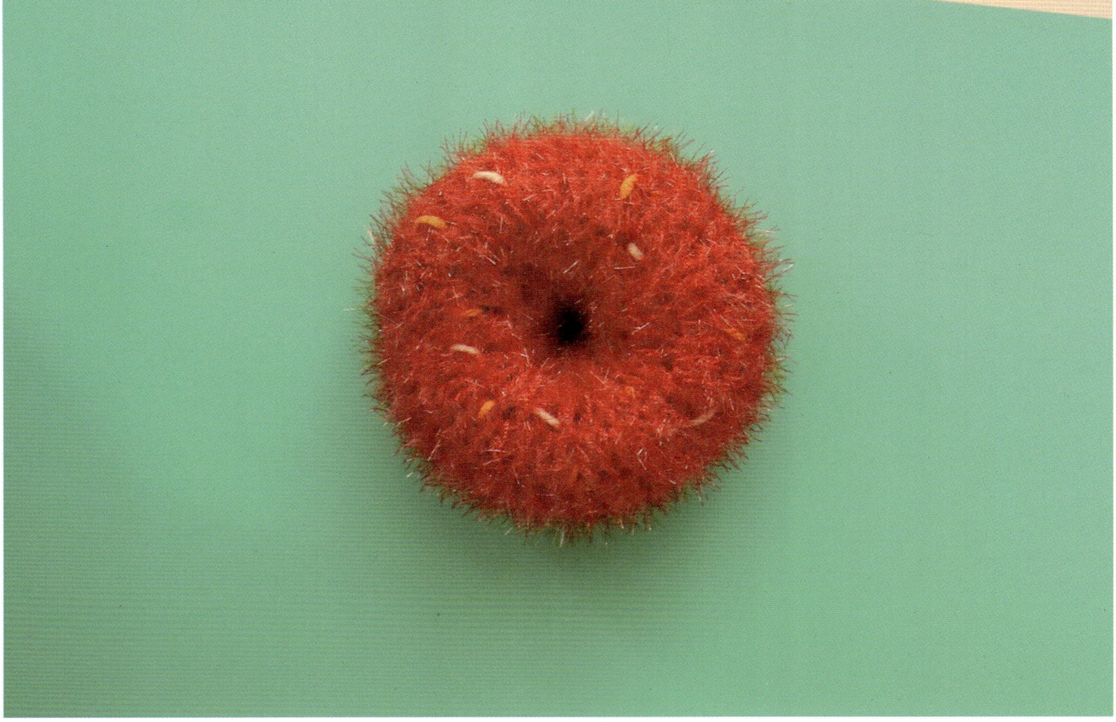

1

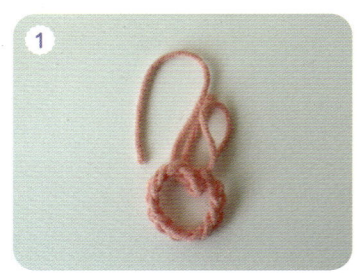

사슬뜨기로 작업 후 첫 코에 빼뜨기합니다.

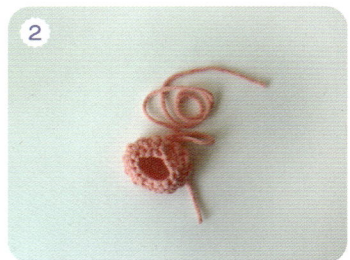

2

1단을 작업합니다.

3

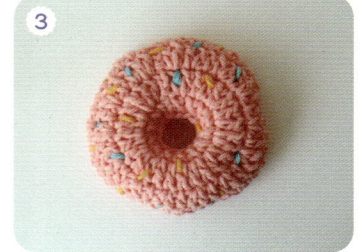

4단 작업 후 면사로 토핑을 수놓아 주세요. 스트레이트 스티치를 사용합니다.

4

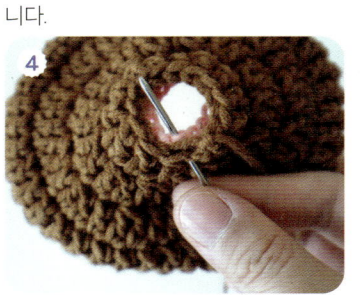

9단 작업 후 가운데 구멍을 감침질합니다.

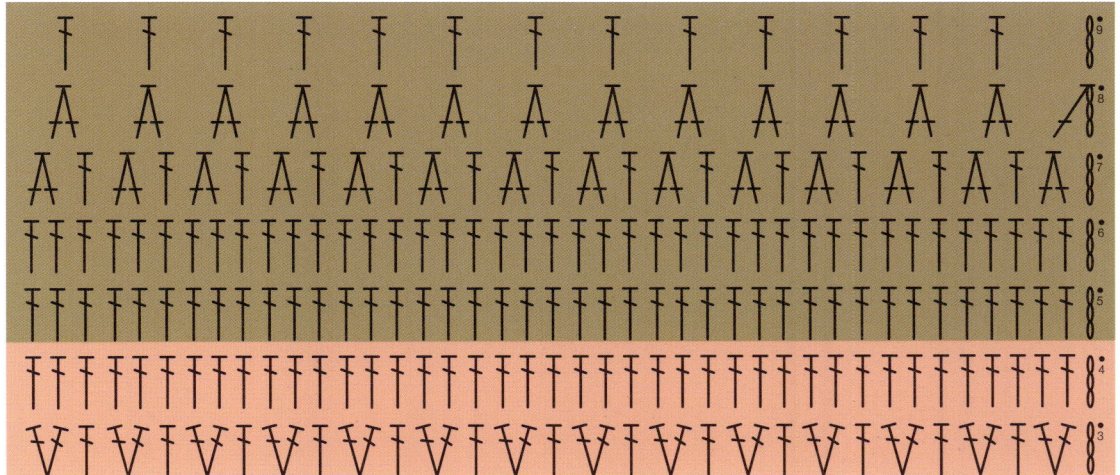

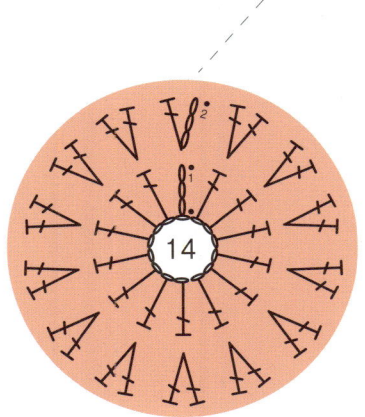

도넛(사진 1, 2, 4)

QR코드를 찍어 만드는
과정을 확인해 보세요!

김밥

Rice roll

색실이 조금씩 남아있을 때 김밥 수세미를 만들어 보세요.
우리 집 주방에도 김밥천국이 펼쳐질 거예요!

- **난이도** ★★★
- **크기(가로×세로)** 10×10㎝
- **재료** 코바늘 6호, 돗바늘
  웰빙수세미: 1, 4, 7, 18, 47, 55, 72

- **뜨개법** 빼뜨기, 사슬뜨기, 한길긴뜨기, 한길긴뜨기(이랑뜨기), 한길 긴 2코 늘리기, 한길 긴 2코 줄이기, 한길 긴 2코 줄이기(이랑뜨기)
- **색상 변경 위치** 2, 3, 5, 6, 8, 9단
- **수세미 고리 위치** 5단 빼뜨기 후 작업

김밥

1

원형뜨기로 시작합니다.

2

단은 4개의 부분으로 나누어 색상을 교체합니다.

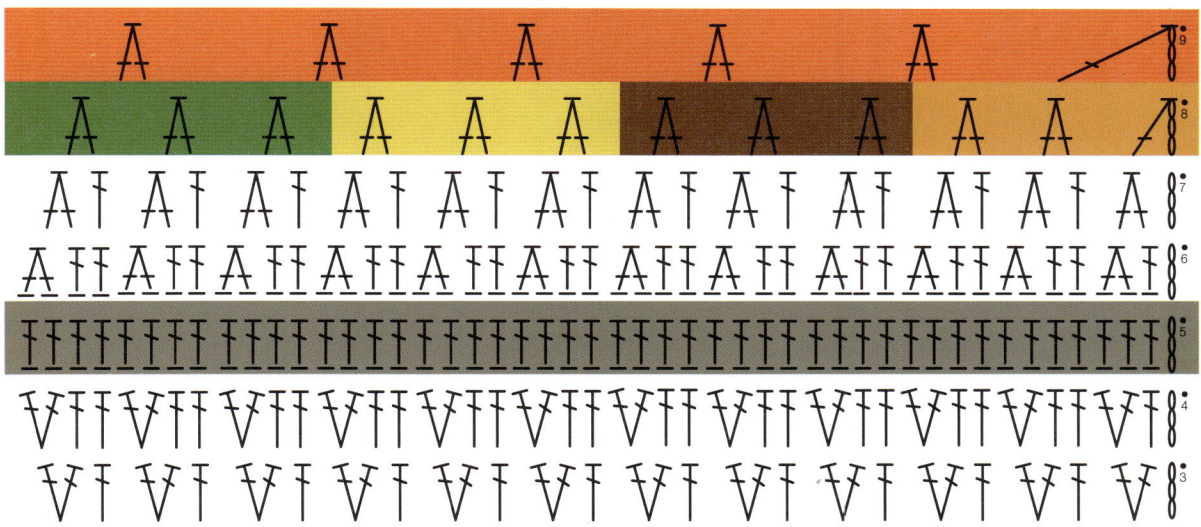

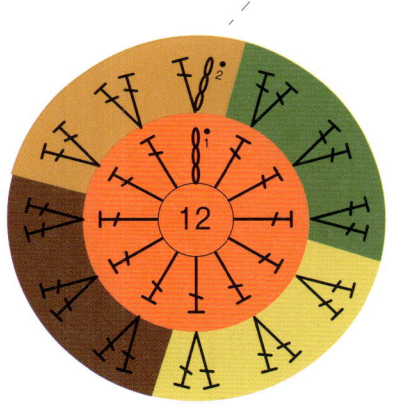

김밥(사진 2)

QR코드를 찍어 만드는
과정을 확인해 보세요!

40

삼각 주먹밥

Triangular rice balls

주먹밥 수세미를 만들 때에는 속을 풍성하게 만들어 보세요.
세제를 조금만 써도 거품이 풍성하게 일어나요!

- 난이도 ★★★
- 크기(가로×세로) 9.5×9㎝

- 재료 코바늘 6호, 돗바늘, 시침핀
  웰빙수세미: 1, 55
- 수세미 고리 위치 10단

삼각 주먹밥

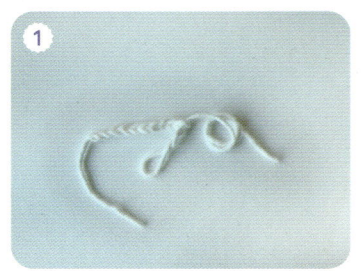

밥: 사슬뜨기로 시작합니다.

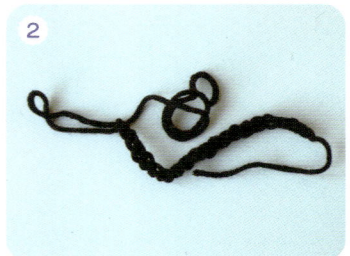

김: 사슬뜨기로 시작합니다.

6단 작업 후 김을 고정합니다.

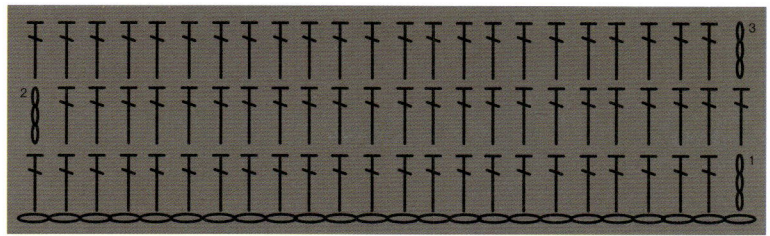

● 김

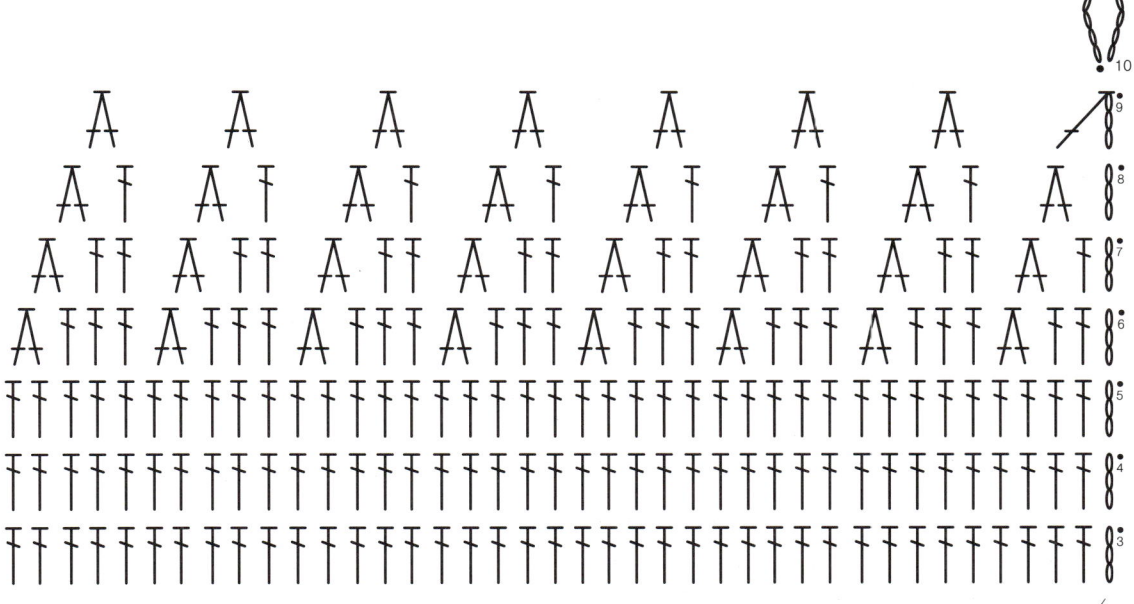

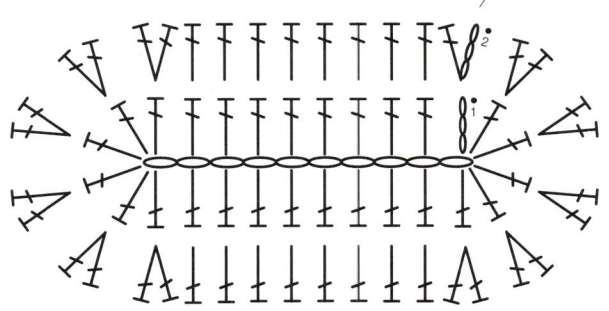